# 마법의
# 연금
# 굴리기

# 마법의 연금 굴리기

1판 1쇄 발행 | 2019년 4월 12일
개정판 10쇄 발행 | 2024년 11월 15일

지은이 | 김성일
펴낸이 | 이동희
펴낸곳 | ㈜에이지이십일

출판등록 | 제2010-000249호(2004. 1. 20)
주소 | 서울시 마포구 성미산로 1길 5 202호
이메일 | eiji2121@naver.com
ISBN 978-89-98342-78-4 (03320)

굴릴수록
눈덩이처럼 불어나는

# 마법의
# 연금
# 굴리기

**전면 개정판**

김성일 지음

에이지북

이 책은 누구나 조금만 신경 쓰면서 오래 지속한다면 성취할 수 있는 결과물에 대한 이야기를 담고 있다. 긴 시간의 꾸준함이 필수 덕목인 연금 관리에서 김성일 작가의 조언은 많은 사람에게 좋은 동반자가 될 것이다.

- 영주닐슨, 성균관대학교 교수,

〈월스트리트 퀀트투자의 법칙〉의 저자


각자가 다른 삶을 사는 것 같지만 모두가 함께 겪어야 할 미래는 존재한다. 바로 은퇴라고 할 수 있는데 이에 대비하는 것이 연금이다. 반드시 찾아올 은퇴를 위한 연금 운용을 개인의 눈높이에서 가장 현실적으로 다룬 책이다. 일독을 권한다.

- 오건영, 신한은행 WM사업부 팀장,

〈위기의 역사〉의 저자


'마법의 연금 굴리기'는 연금 투자의 모든 측면인 투자 스킬부터 제도적인 부분까지 두루 다루고 있어 우리나라 연금 투자에 관한 책 중에서 단연 최고다.

- 단테 김동주, 37만 유튜브 '내일은 투자왕',

〈절대수익 투자법칙〉의 저자

대한민국 국민이라면 중고등학교 교과서에서 사실 강제로라도 연금에 대해 배워야 한다. 연금은 노후 대비의 기초가 되기 때문이다. 놀랍게도 그런 교과서는 존재하지 않았다. '마연굴'이 2019년 처음 발간되었을 당시 느낀 점은 "아니, 연금 관련 책이 대한민국에 이 책밖에 없다고?"였다. 놀라운 점은 "4년이 지난 지금도 이 책이 유일하다고?"이다. 김성일 작가가 말하는 연금 3총사(개인연금, 퇴직연금, ISA)를 활용하면 누구나 쉽게 노후 자금을 꽤 빠르게 축적할 수 있다. 김성일 작가는 어떤 식으로 연금 투자를 하면 세제 혜택을 극대화할 수 있는지, 어떤 식으로 자금을 운용해야 큰 리스크를 피하고 높은 한 자리 수준의 복리 수익을 낼 수 있는지 상세히 설명한다.

개정판을 굳이 사봐야 하냐고? 김성일 작가는 개정판에 바뀐 세제 내역도 반영했고, 추천 포트폴리오도 크게 변경했으니 '마연굴'을 읽은 사람도 다시 사서 읽어 보시라. 이 책이 대한민국 유일한 연금 교과서이다. 이 책에 당신의 노후가 달려 있다.

\- 강환국, 26만 유튜브 '할 수 있다! 알고 투자',

〈퀀트 투자 무작정 따라하기〉의 저자

시시각각 변하는 금융시장에서 소중한 내 자산을 장기적으로 안전하게 불리기란 결코 쉽지 않다. 하지만 적절한 자산배분과 연금 계좌의 조합이라면 이 난관을 너무나도 쉽게 극복할 수 있다. 이 책에 제시된 자산배분과 연금 계좌 운용 두 분야에 모두 정통한 김성일 저자의 방법론을 지금 바로 적용하면 여러분의 안정적인 노후가 보장되리라 확신한다.

나 또한 수많은 자산배분 전략을 연구하고 개발한 바 있지만 특별히 김성일 저자가 개발한 K-올웨더 포트폴리오 전략은 안정적인 성과뿐만 아니라 논리적인 구조에서도 현존하는 자산배분 전략 중 감히 최고라고 생각한다. 꼭 여러분의 자산배분 전략에 편입시킬 것을 '진심으로' 강력히 권하는 바이다.

- systrader79, 진단검사의학과 전문의이자 투자전문가,

〈현명한 퀀트 주식투자〉의 저자

'마법의 연금 굴리기'의 개정판이다. 자산배분 투자를 널리 대중화시키기 위한 저자의 노력에 항상 박수를 보내는 입장인데, 특히나 연금 자산에 대한 자산배분 투자는 우리나라 국민 모두가 공부하고 실천해야 하는 핵심 키워드라 할 수 있겠다.

노후 준비가 막연하고 걱정된다면 각종 주식 투자나 경제 관련 서적을 내려놓고 이 책과 함께 당장 여러분의 연금 계좌에 자산배분 포트폴리오를 구축하길 권한다. 장기 투자 성격의 연금 자산 연평균수익률을 안정적으로 1~2%만 제고하더라도 여러분의 노후는 달라질 것이다.

- 이성규, 업라이즈투자자문 CIO,
⟨주식투자 ETF로 시작하라⟩의 저자

나는 한국에서 보낸 시간보다 훨씬 더 오랜 시간을 미국과 노르웨이 등 해외에서 보냈다. 이렇게 아시아, 아메리카, 유럽이라는 멀리 떨어진 다른 곳에서 살면서 나는 그곳에 사는 보통 사람의 삶을 보다 가까이서 이해할 수 있는 기회를 얻었다고 생각한다. 상상이 가겠지만 세 곳의 사회 분위기와 문화는 너무 다르다. 특히 우리가 삶을 살아가면서 현실적인 문제를 해결하는 데 가장 핵심적인 요소라 할 수 있는 돈에 대한 생각과 자세는 정말 다르다. 무엇보다 더 놀라운 사실은 세 국가의 은퇴로 가는 여정 그리고 은퇴 후의 재정 상태가 굉장히 다르다는 점이다.

일단 미국의 이야기를 해보자. 미국의 연금 시스템은 현재 한국의 연금 시스템과 상당히 닮아 있다. 가장 닮은 나쁜 모습은 미국의 국민연금이라 할 수 있는 'Social security'의 문제이다. 대충 정해진 은퇴 연령에 연금을 받기 시작하면 최대의 경우 4,200달러 정도를 받을 수 있지만, 최소의 경우는 몇 십 달러에서 1,033.50달러 정도이다. 2023년 기준이다.

도저히 Social security로는 노후 재정을 감당할 수 없다. 하지만 대다수 사람은 퇴직연금을 가지고 있고 오랫동안 유지한다. 미국의 가장 보편적인 퇴직연금의 형태라 할 수 있는 확정기여형Defined Contribution 스타일의 401K는 1978년 만들어진 이후 지금까지 시행되고 있다. 오랜 시간 유지되어 온 만큼 퇴직연금 가입자들 역시 적립 투자와 장기 투자의 이해도가 많이 높아져 있는 상태이다. 55세에서 64세까지 은퇴가 가까운 사람들의 평균 401K 적립금은 20만 달러가 좀 넘는다. 평균은 이렇지만 생각보다 자주 100만 달러가 넘는 적립금을 보유한 월급쟁이 은퇴자를 볼 수 있다.

　노르웨이는 한국의 국민연금과 같은 공적연금과 직장의 퇴직연금 두 가지가 모두 잘 갖추어져 있는 매우 이상적인 경우다. 노르웨이 공적연금의 1년 최저 지급액은 약 3,000만 원이고, 최고 지급액은 1억 원이 넘는다. 물론 노르웨이 사람들이 은퇴 전까지 노동하는 연수나 연금을 내는 비율은 한국과 비교도 안 되게 높다. 여기에 더해 한국의 확정기여형 또는 확정지급형Defined benefit 퇴직연금과 비슷한 직장의 연금 시스템을 가지고 있다. 엄청나게 사치스러운 은퇴를 하지 않는 이상 비교적 괜찮은 노후를 연금만으로 살 수 있는 시스템을 가지고 있는 것이다. 많은 사람이 스페인이나 포르투갈 등의 날씨가 따뜻한 유럽에서 연금으로 노후를 보내기도 하는데, 쉰 살이 넘으면 40년 이상의 노동을 통해 쌓아놓은 연금을 가지고 노후에 어떻게 돈을 쓰고 시간을 보낼까를 생각한다. 쉰 살에 직장에서 쫓겨나 수입이 줄어들까 고민하는 한국과는 전혀 다른 실정이다.

　미국과 노르웨이의 예에서 주목할 내용은 딱 한 가지다. 평생에 걸친 노동 시간 동안 꾸준히 그리고 장기 투자의 안목을 가지고 연금을 관리해왔다는 사실이다. 물론 보통의 대다수 투자자가 이런 상태에 오기까지는 정부와 회사의 지속적인 노력이 있었다.

　김성일 작가의 〈마법의 연금 굴리기〉의 개정판은 이런 점에서 굉장히 의미 있는 책이라고 생각한다. 이 책의 가장 큰 장점은 작가 자신이 자신을 위한 고민을 책으로 담았다는 데 있다. 두 번째 장점은 중요한데 누구나 조금만 신경 쓰면서 오래 지속한다면 어느 정도 성취할 수 있는 결과물에 대한 이야기를 담았다는 데 있다. 세 번째 장점은 작가가 자주 내용을 업데이트해야 하는 불편함이 있을 법한 데도 불구하고 현재 상황을 바탕으로 한 조언을 담았다는 것이다.

　방법은 하나라 생각한다. 긴 시간의 꾸준함이다. 그리고 김성일 작가의 책은 앞으로 우리가 겪어야 하는 긴 시간 동안의 좋은 동반자가 될 수 있으리라 생각한다.

영주닐슨

## 개정판을 내며

바야흐로 연금 투자의 시대다. 연말정산이나 받을 목적으로 은행·보험사에 맡겨놓는 것이 연금이라고 생각하는 사람은 그야말로 '금융 문맹'이라 할 수 있다. 제도 개선으로 연금저축펀드, IRP, DC 등의 연금계좌에서 ETF를 이용해 투자할 수 있는 길이 열린 지 수년이 흘렀다. 많은 사람이 계좌이체 제도를 이용해 은행·보험사에서 증권사로 연금계좌를 옮겼고, 적극적인 투자로 연금 수익률을 높이고 있다. 증권사로의 연금 머니무브 현상에 긴장한 시중은행들은 2021년 말부터 퇴직연금에서 ETF를 투자할 수 있도록 방안을 마련했다. 보험사 역시 2022년 한 군데로 시작해 점차 ETF 매매가 가능하도록 도입하고 있다. 많은 국민이 스스로 공부해 투자하며 계좌를 옮기니 은행·보험사도 고객의 니즈에 따라 조금씩 바뀌는 모양새다. 그나마 다행이랄까.

2019년에 출간된 〈마법의 연금 굴리기〉는 국내 최초로 연금·절세 계좌를 이용해 투자하는 방법을 안내했다. 감사하게도 많은 독자의 사랑을 받으며 '마연굴'이라는 애칭도 생겼다. 책이 나온 지 4년이 훌쩍 넘었다. 그 사이 관련 제도와 법이 많이 바뀌었다. 한시적으로 출시되었던 ISA는 어엿하게 자리를 잡으며 평생 절세 계좌로 탈바꿈했다. 개인연금의 세액공제 한도도 확대됐으며, 연금 인출 시에 부담스러웠던 종합소득세 과세 방식도 분리과세를 선택할 수 있게 개선됐다. 이러한 제도 개선과 과세 체계 변화에 맞추어 개정판을 내달라는 요청이 계속 있었다. 이 책은 그렇게 다시 쓰게 됐다.

많은 이들이 이렇게 연금 투자를 실천하고 있지만 여전히 대다수 국민은 이런 제도가 있다는 사실조차 모르고 있다. 금융 이해력이 부족해서 그렇다. 국민의 금융 이해력을 높이기 위해 정부가 더욱 적극적으로 나서주기를 바라지만 쉽지 않아 보인다. 각자도생해야 한다. 개인이 스스로 살기를 꾀해야 한다는 말이다. 내 돈이고 내 노후이니 스스로 챙겨야 한다.

부족한 금융 이해력으로 잘못된 투자 결정을 하면 돌이킬 수 없는 손실을 보게 된다. '옵티머스, 라임, 독일 국채 DLF, 디스커버리 펀드' 이런 이름을 들어본 적 있는가? 금융회사들이 안전하다고 버젓이 판매했으나 사기와 불완전 판매 등으로 떠들썩했던 상품들이다. 안전하다는 은행 직원의 말만 믿고 노후 자금 몇 억 원을 넣었다가 거의 다 날렸다는 기사가 심심치 않게 나온다.

40년 만에 발생한 역대급 인플레이션 상황과 금리 인상, 주식과 부동산의 하락으로 2022년은 더 많은 사람에게 각인될 것이다. 한없이 오르기만 할 것 같은 아파트 가격을 보며 포모현상에 휩싸였던 이들은 영끌(영혼까지 끌어모으다) 하며 집을 샀는데 2022년 한 해 내내 가격이 하락하는 모습을 지켜볼 수밖에 없었다. 미국 주식과 나스닥을 맹신하던 투자자들 역시 작년 한 해 동안 하락하는 주가를 보며 당황해했다. 금융 이해력이 높았다면 최소한 몰빵, 영끌은 하지 않았을 텐데 말이다. 투자 철학이 부족한 사람은 이런 시장 상황에서 너무 힘들 수밖에 없다.

자산배분 투자자에게도 2022년은 힘든 해였다. 유례없이 주식과 국채가 동반 하락했기 때문이다. 자산배분 투자를 해오고 있는데 왜 자기 계좌는 마이너스 상태냐는 질문도 여러 차례 받았다.

이런 질문이 나온 이유는 내가 연금 계좌의 성과를 매달 공개하고 있기 때문이기도 하다. 마연굴을 쓴 계기가 내가 연금 투자를 시작하며 공부한 내용을 공유하기 위해서였다. 2019년 초부터 매달 내 연금 계좌의 성과를 투명하게 공개해왔다. 벌써 4년 7개월이 지난 개인형퇴직연금IRP의 성과는 누적 40.0%로 연환산 수익률은 7.6%이다.

---

**답변 영상**

누구는 수익이 났다고 인증 영상을 올리는데 본인은 수익은커녕 손실이니 답답해서 질문을 한 것이다. 국민연금이 2055년이면 고갈된다는 기사가 연초부터 뉴스를 장식했다. 국민연금만으로는 노후를 준비할 수 없다. 이 책을 통해 연금 제도를 이해하고 최신 자산배분 포트폴리오를 공부하길 바란다. 알기만 하고 실천하지 않으면 의미가 없다. 반드시 실천해 행복하고 안락한 은퇴를 준비하길 기원한다.

---

**계좌 인증 영상**

# 차례

---

## PART 1
### (시작) 금융 상식 놓이기

---

## PART 2
## (실전) ETF로 자산을 배분하는 방법

# PART 3

## 행복 내 연금 찾아 쓰기

# 머리말


이 책을 읽는 독자는 크게 세 부류 중 하나일 것이다.

첫째. 연말정산이나 연금, 절세에 전혀 무관심한 사람.

둘째. 연말정산 때문에 연금저축이나 IRP에 가입은 했는데 수익률이 어떤지, 어떻게 운용되는지 전혀 모르는 사람.

셋째. 적극적으로 자금을 운용하고 싶은데 뭘 어떻게 해야 하는지 모르는 사람.


이 셋 중에 나는 두 번째 경우였다. 공대를 나온 나는 사회 초년생 시절 금융에 정말 무지했다. 그러다가 우연히 은행 선배의 권유로 연금저축보험에 가입했다. 아마도 연말정산을 위해 필요하다는 얘기를 들었던 것 같다. 주위 선배들에게 물어봐도 자기도 가입했다면서 추천했던 기억이 난다. 그러고는 잊고 있었다. 한 달에 얼마가 나가고, 연말정산 때 그 항목이 자동으로 들어가는 정도만 알았다.

직장 생활하는 10여 년 동안 다양한 투자를 했었다. 그러면서 공부한 내용을 바탕으로 2017년 3월에 ETF를 이용한 자산배분 투자 기법을 다룬 책 〈마법의 돈 굴리기〉를 쓰기도 했다. 물론 현재도 모든 투자금은 ETF를 이용해 자산배분 투자를 하고 있다. 바쁜 월급쟁이나 자영업자가 하기에 적합하고, 적정 수익과 안정성을 갖춘 방법이라고 생각하기 때문이다.

책을 쓴 후 독자로부터 메일과 SNS 등을 통해 다양한 질문을 받았고 답변을 드렸다. 그러는 사이 제도적으로도 변화가 많았다. 대표적으로 2017년 7월부터 IRP 가입 대상이 자영업자 등으로 늘어났다. 모르고 있었는데 자영업을 하는 친구에게서 연락이 왔다. '〈마법의 돈 굴리기〉에 나온 것처럼 IRP 계좌에서 ETF로 자산배분을 하면 되지 않아?' 라면서 방법을 물어봤다. 하지만 IRP 지식이 전혀 없었던 터라 딱히 가이드를 제시하지는 못했다.

또 하나의 큰 변화는 2017년 11월부터 증권사 연금저축 계좌(연금저축펀드)에서도 ETF 거래가 본격화된 것이다. 금융위원회가 기획재정부와 협의해 연금저축에서 ETF를 투자할 경우 세금 문제가 발생하지 않도록 유권 해석을 내리기로 하면서 가능해진 일이다. 많은 사람이 이런 절세 계좌를 이용해 ETF로 투자하는 방법을 문의했고 나 역시 제대로 공부해야겠다는 생각을 했다.

보통의 직장인과 자영업자가 그러하듯 나 역시 회사일과 가정생활로 정신없이 시간을 보냈다. 그러다 2018년 중반에 다양한 매체로부터 연금저축과 IRP의 세액공제와 절세 효과를 다시 듣게 되었다. 모든 자금을 일반 주식 계좌에서 운영하면 손해라는 사실을 깨달았다. 이후 집중적으로 이런 계좌와 제도를 공부했다. 연금저축과 IRP, ISA 계좌야말로 ETF로 자산배분을 해야 하는 최적의 장소라는 걸 알았다.

왜 이제야 알았을까? 못 챙긴 세금들이 아쉬웠다. 백테스트 back-test

결과 세액공제와 세금이연으로 인한 수익률의 차이가 연 1%가 넘는다
는 걸 알고는 더 속이 쓰렸다. 늦었다고 생각할 때가 최적의 시점이라
는 말이 있듯이 기존의 연금저축보험을 정리했다. 정리했다는 말은 해
지했다는 뜻이 아니라 연금저축보험을 증권사의 연금저축펀드로 이전
했다는 말이다. 계좌이전 제도가 있어서 기존 세액공제 등을 반납하지
않고 계좌를 바꿀 수 있다.

13년 이상 매달 납부하던 연금저축보험을 이전하니 납입금과 수익
이 정산되어 이체되었다. 이때 가입한 연금저축보험의 수익률을 계산
해보니 연 2.85%였다. 같은 기간 동안 연금저축보험에 납입할 금액을
예금했을 때의 수익률 2.96%보다도 낮은 수준이었다.(물론 세액공제액
을 감안하면 수익률이 올라간다는 계산이 나오긴 한다. 하지만 은퇴를 대비하는 계
좌의 운용 수익이 예금 이자보다 낮다는 걸 그냥 두고 볼 수만은 없는 일이다)

비단 나만의 문제는 아니었다. 아래 내용은 2018년 12월의 신문기
사 일부를 발췌한 것이다.

"노후에 대비해 가입하는 연금저축의 장기 성과가 부진하자
허탈해하는 샐러리맨이 늘고 있다. … 지난 2001년부터 17
년 납입을 기준으로 했을 때 연금저축펀드(6.32%)를 제외한 신
탁과 보험의 연평균 수익률은 저축은행 적금 수익률(4.19%)보
다도 낮았다. 은행에서 판매하는 연금저축신탁의 평균 수익률
(2.9%)은 같은 은행권에서 판매된 적금 이자(3.1%)를 밑돌았
다. '오래 묵히면 괜찮겠지'라고 생각하고 가입한 연금저축이
은퇴 후 삶의 질을 높여주진 않고 오히려 노후 불안감만 키우

는 농사가 되고 만 것이다."

-'속 터지는 연금저축, 6년 수익 고작 30만 원', 조선일보, 2018.12.14.

## 연금저축보험 수익률이
## 적금 이자보다 낮은 이유

　보험연구원의 보고서 '퇴직연금의 원리금보장형 편중 원인과 시사점'에 따르면 연금 상품의 수익률이 낮은 이유는 실적배당형 상품보다 원리금보장형 상품을 선호하기 때문이라고 한다. 우리나라 퇴직연금 적립금 중 원리금보장형 비중은 80~90%이다. 2012년부터 2016년까지 우리나라 퇴직연금의 5년 평균 수익률은 3.2%로 미국의 5.6%, 영국의 7.1%, 호주의 8.4%에 비해 매우 낮다. 미국, 영국, 호주의 경우 적립금 중 40% 이상을 주식에 투자하고 있는데 주식 비중이 채권 비중보다 높고 예적금 비율은 매우 낮다. 또한 각국의 주식 중 해외 비중이 각각 33%, 64%, 53%에 달한다. 이런 자산배분의 결과로 연금 수익률이 큰 차이가 나는 것이다.

　우리나라 퇴직연금 가입자가 원리금보장형 상품을 선호하는 이유는 손실회피 성향도 있지만 자산 관리에 무관심하고, 더 근본적으로는 낮은 금융 이해력에 있다. 국제신용평가사 스탠더드앤드푸어스(S&P)가 발표한 2015년 세계 금융 이해력 조사를 보면 한국인의 금융 이해력은 전 세계 143개국 가운데 77위로 나타났다. 미얀마 23위, 몽골 43위는 물론 가봉 67위, 우간다 76위보다 낮은 수준이었다. 이 나라들을 펌하하는 게 아니라 우리나라가 국가 경쟁력 대비 너무 낮다는 말이다. OECD 가입국 중에서도 가장 낮은 순위였다.

퇴직연금 사업자나 금융회사의 입장에서도 원리금보장형 상품을 선호할 수밖에 없다. 현재 적립금의 일정 비율을 수수료로 받고 있고, 적극적으로 운용하다가 손실이 나면 욕을 먹지만 수익률을 올렸을 때의 인센티브가 없기 때문이다.

2016년 세계경제포럼 발표에서 한국의 국가 경쟁력은 137개국 중 26위였지만, 금융시장 성숙도는 한국이 80위로 우간다(77위)보다 낮다는 조사 결과가 나온 적도 있다. 국민연금을 정부에서 법적으로 강제하는 이유는 국민의 노후를 정부가 권한과 책임을 지고 챙길 필요가 있다고 생각했기 때문이다. 그런 관점에서 정부는 퇴직연금과 개인연금으로 가는 선진국형 3층 노후 보장 시스템을 견고히 할 필요가 있다. 퇴직연금 사업자들에게는 그들의 전문 지식을 이용해 적극적으로 운용할 수 있도록 인센티브를 제공해야 한다. 또한 국민의 금융 이해력을 높이기 위해 부단히 노력해야 한다.

## 금융맹이
## 문맹보다 더 무섭다

"글을 모르는 것은 사는 데 다소 불편하지만 금융을 모르는 것은 생존 자체가 어렵기 때문에 금융맹이 문맹보다 더 무섭다."

앨런 그린스펀 전 미국 연방준비제도이사회 의장의 말이다. 너무나 공감되고 많은 이들에게 들려주고 싶은 말이다.

2019년 1월 한국은행과 금융감독원이 발표한 '2018년 전 국민 금융 이해력 조사 결과'에서도 우리나라 성인의 금융 이해력 점수는 62.2점으로 OECD 평균인 64.9점(2015년)보다 낮은 수준을 기록했다. 또한 노후와 은퇴 대비에 '자신 있다'고 답한 비중은 16.3%로 '자신 없다'(31.1%)의 절반 수준에 불과했다. 우리나라 20대 평균은 60~70대를 제외하면 꼴찌 수준에 그쳤다. 2017~2018년 20대가 무더기로 투자했다가 큰 손해를 본 '비트코인 사태' 역시 이 같은 경제 이해력 부족이 원인이라는 지적도 나온다.

우리나라 20대의 금융 이해력이 부족한 원인으로는 무엇보다 부실한 교육 실정이 꼽힌다. 금융 교육의 중요성이 점점 커지고 있는데도 국내 교육은 오히려 축소하는 방향으로 '역주행'하고 있다. 교과목을 선택해서 배우는 우리나라 고교 교육 과정에서 '경제' 과목은 철저히 배제되고 있다. 고등학교에서 경제 과목을 이수한 학생은 전체 학생 수 대비 5%에 불과한 것으로 알려졌다. 이는 사회과 선택 과목 중 최하위다.

전문가들은 금융맹이 한국 사회 전반의 금융 교육 부재에서 비롯된 결과라고 지적한다. 우리나라는 학교도 가정도 금융 교육이 뒷전이다. 중고교에서의 금융 교육은 1년에 2시간 정도 한다. 민간 차원에서 금융 교육을 체계적으로 하고 있는 청소년금융교육협의회가 2015년 1,100여 개 초중고에서 8만여 명을 대상으로 금융 교육을 했지만 우리나라 전체 초중고 학생의 1.4%에 불과했다. 가정에서의 금융 교육은 더욱이나 어려운 문제다. 부모들이 금융을 제대로 배운 적이 없으니 말이다.

20대에 비해 30~50대의 금융 이해력이 높은 이유는 금융 교육을 많이 받아서가 아니다. 직업을 갖고, 월급을 받고, 사회생활을 하다 보니 금융 공부를 안 할 수가 없어서다. '각자도생(제각기 살아나갈 방도를 꾀함)' 하느라 어쩔 수 없이 금융을 공부하는 것이다. 월급을 받아 모은 돈으로 주식에 투자해 실패도 해보고, 결혼한 후 대출받아 집도 사보고, 은퇴가 가까워지면 연금에 관심도 갖는다. 그러면서 닥치는 대로 공부하고 이해를 넓혀 나가는 것이다. 나 역시 20대에 사회생활을 시작해 30대에 결혼했고 40대를 지나 50대를 향해 가고 있다. 나도 직장생활을 처음 시작할 때 예금 이자와 적금 이자의 차이를 이해하지 못했다. 좌충우돌하며 금융 지식을 쌓아가고 있는 것이다.

조사 결과 소득이 높을수록 금융 이해력이 높다고 한다. 소득이 높고, 자산이 많은 사람은 1%의 금리 차이를 중요하게 생각한다. 100억 원의 1%면 1억 원이나 되기 때문이다. 반면 사회 초년생, 저소득층의 경우 1%의 차이를 신경 쓰지 않는다. 100만 원의 1%는 1만 원밖에 안 되기 때문이다. '수익률' 지식이 부족하기 때문에 생기는 결과다. 부자가 되려면 수익률에 관심을 가져야 한다. 복리로 쌓이는 수익률이 부자로 만들어준다는 것을 알아야 한다. 모인 돈이 적으면 더욱 금융 지식이 필요하다. 사회 초년생의 경우 직장 업무에 적응하고 자기 개발하기도 바쁜데 금융 공부까지 하기는 벅차다. 또한 누가 잘 알려주지도 않고 용어부터 너무 낯설다. 그래서 초중고 학교에서의 금융 교육이 필요한 것이다. 최소한의 금융 상식을 쌓은 다음 사회에 내보내야 한다.

잘사는 선진국은 대부분 금융을 국가 전략 과제의 하나로 채택하여 범국가적으로 교육한다고 한다. 영국은 11~16세에 금융을 의무교육으로 채택하고 있다. 복지 예산을 쓰는 것 이상으로 국민의 금융 역량을 키우는 것이 긴 안목으로 볼 때 사회 안전망 확보에 효과적이라는 판단에서다. 정부나 관계부처에서 평범한 국민의 금융 이해력을 증진시키는 데에 다양한 노력을 기울여주었으면 한다.

정부나 금융회사를 탓하기 위해 이런 말을 하는 게 아니다. 현상이 이러하니 알고는 있자는 말이다. 전반적인 교육과 사회제도가 바뀌기는 어렵다. 바뀌더라도 꽤 오래 걸릴 가능성이 크다. 하지만 내 노력으로 가능한 부분은 공부를 통해 스스로 바꿀 수 있다. 현재 상황에서 할 수 있는 최선의 대안을 찾아 나가야 한다. 결국은 스스로 금융 지식을 쌓아 제도가 허용하는 범위에서 다양한 연금 상품과 절세 상품을 적극 활용해 수익을 올려 노후를 준비해야 한다.

이 책은 나와 같은 월급쟁이들, 그리고 내 친구와 같은 자영업자들을 위해 썼다. 다양한 절세 상품을 이용해 ETF로 자산배분하여 투자한다면 상대적으로 안전하면서도 괜찮은 수익을 낼 수 있다는 사실을 알려주기 위해서다. 물론 이 책에 나오는 내용이 유일하거나 최고의 방법이라는 뜻은 아니다. 다만 이런 방법도 있으니 같이 생각하고 공부하며 노후를 준비해 보자는 것이다. 부디 이 책이 독자의 금융 이해력을 높이고 노후를 준비하는 데에 작은 보탬이 되길 바란다.

김성일(지민지호아빠)

PART

1

시작

금융
상식
놀이기

# 01.
# 평생의
# YOLO를 위해서
# YOLA 하자

'욜로'YOLO: You only live once란 오직 한 번뿐인 인생이라는 뜻의 신조어다. 그 뜻을 '한 번 사는 인생'이라고 오해하면 지금 뭔가 많은 걸 소비해도 된다는 것처럼 해석될 수도 있는 말이다. 최근에는 재산을 탕진하는 재미란 뜻의 '탕진잼'이란 단어가 유행하는 등 젊은 세대를 중심으로 욜로의 의미가 충동 구매나 과소비로 변질되기도 한다. 이는 욜로를 오해한 것이다.

한 번 사는 인생이기 때문에 현재가 중요하다. 현재를 위해 소비하는 것도 중요하다. 하지만 '미래의 나'에게도 한 번뿐인 인생이다. '미래의 나' 역시 소비가 필요하다. '20~30년 뒤의 오늘'도 미래의 나에겐 현재가 된다. 인생을 '지금 현재'를 위해서만 살면 안 되는 이유다.

현재 생활의 일부는 미래를 준비하는 데에 할애해야 한다. 미래의 나 역시 중요하니까 말이다.

돈의 관점에서도 마찬가지다. 매달 받는 월급이 통장을 스치고 지나가게 두면 안 된다. 미래의 나도 소비를 해야 하는데 그때 내가 지금처럼 돈을 벌 수 있을지는 모르는 일이다. 특히 은퇴 이후 노인이 되었을 때는 더욱 그렇다. 2018년 기준 한국의 노인 빈곤율은 43.4%로 OECD 회원국 중 1위이고, OECD 평균인 15.8%에 비해서도 심각한 수준이다. 60대 이전에는 안정적인 소득으로 중산층의 삶을 살 수도 있지만, 60대 이후 고용 안정성이 떨어지고 노후 준비가 부족하여 취약 계층으로 전락하는 경향이 나타난다. 나의 노후는 그렇지 않을 것이라고 자신할 수 있는가?

마하트마 간디는 "미래는 현재 우리가 무엇을 하는가에 달려 있다." 고 했다. 미래의 내 자산은 현재 우리가 무엇을 하는가에 달려 있다.


## 내 탓?
## 뇌 탓!


사람의 뇌는 '미래의 나'를 생각할 때 반응하는 부위와 '잘 모르는 사람'을 생각할 때 반응하는 부위가 같다고 한다. 대부분의 사람이 '미래의 나'를 '남' 대하듯 하는 이유다. 연금이나 저축보다 현재의 소비에만 신경을 쓰는 이유이기도 하다.

〈의도적 눈감기〉의 저자 마거릿 헤퍼넌은 "사람의 뇌는 자신의 생명과 안전을 지키기 위해 반드시 필요한 내용이라도 그것이 받아들이기 불편한 진실이라면 고의로 눈을 감아 버린다."고 했다. 무게 1,500g의 단백질 조직인 사람의 뇌는 게을러서 평소에 자신이 생각하고 있는 내용과 같은 정보가 들어오면 선뜻 수용한다. 편안하기 때문이다. 하지만 생명과 재산을 지키기 위해 꼭 필요한 사실이라도 그것이 불편한 진실이면 인간의 뇌는 이를 외면한다.

노후 준비를 위해 연금이나 투자를 하지 않는 것도 뇌의 '의도적 눈감기'가 작동하기 때문이다. 퇴직 후 편안한 생활을 즐기려면 적절한 노후 자금은 필수다. 하지만 노후 자금을 준비하려면 당장 생활비나 자녀 교육비 같은 지출을 줄여야 한다. 어느 것 하나 쉽지 않다. 따라서 뇌는 노후 대비를 위한 불편한 진실을 받아들이지 않는다. 당장 생활에 문제가 생기지 않으니 '나중에 어떻게 되겠지' 하면서 고의로 눈을 감아 버리는 것이다.

2017년 노벨경제학상은 행동경제학 연구에 탁월한 업적을 쌓은 시카고 대학의 리처드 탈러 교수에게 돌아갔다. 〈넛지〉의 저자로도 잘 알려진 그의 '사과 실험'은 노후 대비 저축에서 사람들의 심리를 잘 보여준다. 탈러 교수는 사람들에게 다음의 두 가지 중 하나를 선택하라고 제안했다. "1년 후 사과 1개를 받을 것인지, 아니면 1년이 지난 바로 다음 날 사과 2개를 받을 것인지?" 이 질문에 실험 참가자 대부분은 '이익을 2배로 키우기 위해 하루를 더 기다리겠다'고 응답했다.

하지만 질문을 바꿨더니 정반대의 반응이 나왔다. "오늘 사과 1개를 받을 것인지, 아니면 내일 사과 2개를 받을 것인지?" 첫 번째 질문에서 '이왕 1년 기다리는 거 하루 더 기다리겠다'고 답한 사람 중 상당수가 두 번째 질문에서는 태도를 바꿔 '1개를 손해 보더라도 당장 1개를 받겠다'고 했다. 하루만 참으면 사과 1개를 더 받을 수 있지만 오늘 사과 1개가 내일 1개보다 낫다고 생각한 것이다. 이는 우리의 뇌가 미래 가치보다 현재의 보상에 더 끌리기 때문이다. 실제로 우리 뇌는 60일 이후에 이뤄지는 보상에 거의 반응하지 않는다고 한다.

## '욜라' 하자

NH투자증권 100세시대연구소는 100세 시대 인생을 잘살기 위한 재무적 준비 방법을 '욜라'YOLA라는 말로 정리했다.

첫 번째 'Y'는 '젊어서부터 필요한 연금 가입'Young needs pension을 뜻한다. 젊었을 때부터 연금을 시작하면 준비 기간이 긴 만큼 적은 금액으로도 적지 않은 노후 자산을 만들 수 있고, 투자의 복리 효과까지 더해진다면 노후 생활이 훨씬 풍요롭다.

두 번째 'O'는 '지속적인 자산 관리'Ongoing wealth management를 뜻한다.

세 번째 'L'은 '장기 투자'Long-term investment를 뜻한다. 재무 상황과 관계없이 지속해서 자산을 관리하고, 금융 투자에서 성과를 내기 위해서는 장기 투자하는 것이 반드시 필요하다.

마지막으로 'A'는 '균형 잡힌 자산배분'Asset allocation을 뜻한다. 자산배분은 다양한 자산에 분산투자하여 위험을 낮추고 수익을 보전하는 방법이다. 이런 자산배분 투자 방법은 급격하게 변화하는 투자 시장에서 포트폴리오의 변동성을 낮춰 투자자의 심리를 안정시킬 뿐 아니라 장기 투자를 가능하게 하여 복리 효과를 극대화한다.

모아놓은 돈이 얼마 없어도 우리는 투자와 자산 관리를 해야 한다. 소액이라도 투자를 시작해야 투자 근육이 단단해지고 투자 심리가 강해지며 금융 이해력이 쌓인다.

영국의 극작가 버나드 쇼의 묘비에는 이렇게 쓰여 있다. "우물쭈물하다 내 이럴 줄 알았다." 우물쭈물하지 말고 지금 당장 노후를 준비하면 물러나는 은퇴隱退가 아닌 반짝반짝 빛나는 은퇴銀退를 맞이할 수 있지 않을까.


## 지금 당장
## 시작해야 하는 이유

왜 젊을 때부터 연금에 가입하라는 걸까? 왜 장기 투자를 하라는 걸까? 갓 사회생활을 시작한 젊은 직장인에게는 와닿지 않는 말이다. 그들은 노후나 연금, 절세, 투자에 관심이 없는 경우가 대부분이기 때문이다. 이 책을 읽고 있는 당신이 이삼십 대라면 부러움의 박수를 쳐드리고 싶다. 일찍 시작할수록 유리하기 때문이다. 왜 그런지 살펴보자.

같은 직장에 근무하는 30세의 김 대리, 40세의 이 차장, 50세의 홍 부장은 사내 교육에서 자산배분을 이용한 저위험 중수익 연금 투자법을 알았다. 이후 그들은 연말정산 세액공제 한도를 다 채우기 위해 매달 50만 원씩 연간 600만 원을 납입해 투자했다. 이 회사의 정년은 60

세로 은퇴할 때 이들의 연금저축은 얼마로 불어났을까?

이들의 누적 납입금은 각각 1억 8,000만 원, 1억 2,000만 원, 6,000만 원으로 6,000만 원씩 차이가 난다. 하지만 은퇴 시점인 60세에 연금저축 계좌에 모인 자금은 김 대리가 9억 9,202만 원, 이 차장이 4억 1,479만 원, 홍 부장이 1억 2,813만 원으로 엄청난 차이가 난다. 김 대리와 이 차장은 5억 7,723만 원, 김 대리와 홍 부장은 8억 6,388만 원이나 차이 나는데 이들의 납입금 차이는 각각 6,000만 원, 1억 2,000만 원밖에 안 된다. 왜 이렇게 큰 금액이 차이 나는 걸까?

## 부자 방정식:
### 미래의 부 = 종잣돈 × (1 + 투자수익률)<sup>투자 기간</sup>

$$\text{미래의 부} = \text{종잣돈} \times (1 + \text{투자수익률})^{\text{투자 기간}}$$

이들의 성과 차이는 부자 방정식을 보면 명확히 이해할 수 있다. 부자 방정식은 어떤 투자 요소가 '미래의 부'에 영향을 미치는지 간단한 수학식으로 표현한 것이다. 먼저 종잣돈이 있어야 한다. 그리고 투자수익률과 투자 기간이 추가된다.

종잣돈이 '0'이라면 미래의 부 역시 '0'이 되기 때문에 종잣돈이 있어야 하는 것은 당연하다. 하지만 세 사람의 사례에서 종잣돈의 차이는 각각 6,000만 원으로 최종 잔고의 차이를 설명하기 어렵다. '미래의 부'는 종잣돈과 곱하기의 관계를 갖는 데 비해 투자수익률 및 투자 기간과는 거듭제곱의 관계를 갖는다. 즉 부자가 되려면 종잣돈의 크기가 아니라 투자수익률과 투자 기간이 더 중요하다. 이들은 동일한 자산배분 투자법으로 연금을 굴렸기 때문에 투자수익률이 동일했다. 결국 수억 원의 차이를 만든 건 투자 기간의 차이다. 김 대리는 이 차장보다 10년, 홍 부장보다 20년 더 굴렸다. 눈덩이가 굴러가며 기하급수적으로 커지듯 김 대리의 연금이 불어난 것이다.

세계 최고의 투자자인 워런 버핏은 자신의 돈 버는 핵심 투자법 중 하나인 '복리의 마술'을 이렇게 설명한다. "복리는 언덕에서 눈덩이(스노우볼)를 굴리는 것과 같다. 작은 덩어리로 시작해서 눈덩이를 굴리다 보면 끝에 가서는 정말 큰 눈덩이가 된다. 나는 14세 때 신문 배달을 하면서 작은 눈덩이를 처음 만들었고 그 후 56년간 긴 언덕에서 아주 조심스럽게 굴려왔을 뿐이다."

[그림1]은 연금저축에 월 50만 원(연 600만 원)씩을 납입하여 운영했을 때의 누적 성과가 어떻게 차이 나는지를 시각적으로 보여준다. 투자 기간이 길어질수록 곡선의 기울기가 가파르게 올라가는 모습을 볼 수 있다. 투자에 나타난 스노우볼 효과인 것이다.(수익률과 절세 효과 등의

그림1 • 투자 기간에 따른 누적 성과 차이[단위: 만 원]

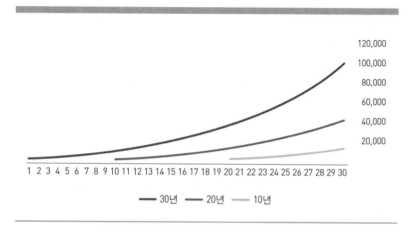

계산 방법은 7장에 상세히 설명했다)

연금 준비는 매월 월세를 받을 수 있는 건물을 천천히 지어 나가는 것과 같다. 건물을 크고 높게 지을수록 월세를 받을 수 있는 규모는 커진다. 크게 짓지 않으면 월세는 그만큼 줄어든다. 월세가 나오긴 하지만 그 건물이 원룸이거나 1층짜리라면 어떨까? 그 정도 월세 수준에 만족할 수 있다면 그대로 유지하면 되겠지만 그렇지 않다면 월세를 더 많이 받을 수 있도록 건물을 크게 올려야 한다. 건물을 높게 짓는 첫 번째 방법은 일찍 시작하는 것이다. 이것이 바로 지금 당장 연금저축이나 IRP 같은 계좌를 이용해 은퇴 자금 준비를 시작해야 하는 이유다.

버핏의 말을 한번 더 인용하겠다. "중요한 것은 (잘 뭉쳐지는) 습기 머금은 눈과 진짜 긴 언덕을 찾아내는 것이다." '습기 머금은 눈'이 자산 배분 투자라면 '진짜 긴 언덕'은 연금 계좌가 아닐까?

## 왜 수익률에
## 신경 써야 할까?

모아둔 돈이 많지 않은 사회 초년생이나 직장인은 수익률의 차이를 쉽게 생각하는 경향이 있다. 100만 원 투자의 경우 1%의 수익률 차이는 1만 원밖에 되지 않기 때문이다. 1,000만 원을 투자했더라도 1%의 수익 차이가 10만 원이다. 쇼핑을 하거나 친구를 만나 소비하는 돈에 비해 그리 크지 않다고 생각한다. 하지만 부자는 1%의 차이를 매우 민감해한다. 10억 원의 1%는 1,000만 원이고, 100억 원의 1%는 1억 원이기 때문이다. 부자가 되고 나서 고민할 문제라고 생각하는 사람이 많다. 하지만 지금부터 수익률에 신경 써야 하는 이유를 알아보자.

수년 전 '티끌 모아 티끌'이라는 말이 유행하는 것을 보고 정말 안타까웠다. 장기적인 관점으로 접근해야 하는 투자 분야에서는 '티끌 모아 태산'이라는 말이 정말 맞기 때문이다. 투자 성과가 장기간 누적되면 그 차이는 생각보다 크다.

앞서 봤던 김 대리는 세액공제를 받기 위해 연금저축 계좌에 매월 50만 원(연 600만 원)을 30년간 납입했다. 그런데 김 대리가 투자에 신경을 쓸 때와 안 쓸 때의 경우를 비교해보자. 김 대리의 연수익률이 2%, 4%, 6%, 8%, 10%일 때 잔고는 2억 9,212만 원, 4억 720만 원, 5억 7,853만 원, 8억 3,527만 원, 12억 2,178만 원으로 차이가 난다. 납입금은 모두 1억 8,000만 원으로 동일하다. 하지만 잔고는 수익률

**그림 2 ● 투자수익률에 따른 누적 성과 차이** (단위: 만 원)

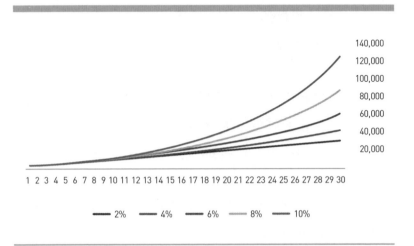

에 따라 수억 원의 차이가 난다. 수익률에 따른 잔고의 차이는 시간이 지남에 따라 기하급수적으로 커지는데 [그림2]에서 각 곡선의 간격이 점차 벌어지는 것을 보면 직관적으로 이해할 수 있다.

60세에 은퇴 자금이 2억 원대인 사람과 12억 원인 사람의 노후 생활은 다를 수밖에 없다. 30년간 연금을 수령한다고 했을 때 2% 수익을 올려 2억 9,212만 원의 자금을 마련한 사람은 매달 97만 원을 받을 수 있다. 반면 8%의 수익률을 유지해 8억 3,527만 원의 자금을 마련한 사람은 매달 472만 원을 받을 수 있다.(연금소득에 따른 과세 후 수익이며 계산 방법에 대한 상세 내용은 7장을 참고)

물론 높은 수익률의 이면에는 그만한 위험이 있다는 것을 항상 염두에 두어야 한다. 위험은 낮추면서 수익을 높일 방법을 찾아봐야 하는 이유다. 자산배분 투자 방법이 한 가지 대안이 될 수 있으며 그 방법을 이 책을 통해 제시한다.


## ▍ 버는 것, 쓰는 것, 굴리는 것: 돈

'재테크'라는 말은 보유 자금을 효율적으로 운용하여 최대 이익을 창출하는 방법을 말한다. 한자 '재무**財務**'와 영어 '테크놀로지technology'의 합성어인 '재무 테크놀로지'를 줄여 만든 말로 '하이 테크놀로지high-technology'의 합성 줄임말인 '하이테크'를 본떠 만들었다. 재테크는 본래 기업 경영에서 사용되던 용어지만 경제와 투자에 관심이 높아지면서 자산을 안전하게 불려나가려는 일반 가계에서도 쓰이게 된 말이다.

일반인에게 재테크란 모아놓은 돈을 어떻게 잘 굴려서 높은 수익을 얻느냐의 문제라고 정의할 수 있다.

'돈을 어떻게 굴릴 것이냐'를 다른 말로 자산운용이라고 할 수 있다. 이 책에서 주로 다룰 내용이 이 '자산운용'이다. 자산운용이란 전문 지식을 갖고 있는 펀드매니저 같은 사람만 할 수 있을 거 같지만 일반인도 충분히 할 수 있다. 더욱이 절세 계좌나 연금 계좌를 이용할 때 운용 수익을 더 높일 수 있다. 어떻게 내 돈을 굴릴 것이냐가 문제다. 돈財 굴리기 기술tech은 이 책에 상세하게 설명했으니 천천히 읽어보자.

돈을 굴리기 전에 해야 하는 게 '돈을 모으는 것'이다. 모은 돈이 있어야 어떻게든 굴려볼 것이니까 말이다. 돈을 모은다는 것은 버는 돈보다 쓰는 돈이 적다는 것이다. 월급이 100만 원인데 70만 원을 쓰고 30만 원을 남겼다고 치자. 매달 모인 30만 원이 1년이면 360만 원이 된다. 이 360만 원이 종잣돈이 되는 것이다. 돈 나무가 자랄 '씨앗' 돈이 된다는 말이다. 씨암탉이 달걀을 낳고, 이 달걀이 부화해 병아리가 되고, 병아리가 다시 커서 닭이 되는 선순환이 발생한다. 이 360만 원을 잘 굴리면 수익이 나고, 수익이 재투자되면 복리 효과가 생긴다. 돈이 돈을 버는 시스템이 생기는 것이다. 종잣돈을 모으는 것은 중요하다.

종잣돈을 모으기 위해서는 버는 돈보다 쓰는 돈이 적어야 한다. 월급이 천만 원이라도 천만 원을 다 쓰거나 그 이상을 소비한다면 부자가 될 가능성이 없다. 아무리 많이 벌어도 소득에 맞춰 소비할 것이기 때문이다. 천만 원을 매달 벌려면 그만큼 일해야 한다. 돈에 쫓겨 사는 삶이 되는 것이다. 돈이 나를 위해 일하는 게 아닌 내가 돈을 위해 일하는 삶이다. 의사나 변호사 같은 고수익 전문직 역시 마찬가지다.

버는 것보다 쓰는 걸 줄이는 게 중요하다. 아무리 작더라도 매달 돈을 남겨 저축해야 한다. 부자란 10억을 갖고 있는 사람이 아니다. 10억을 갖고 있는 사람은 100억 정도 있어야 부자 아니냐고 한다. 늘 나보다 돈이 많은 사람과 비교하기 때문이다. 부자의 기준을 '오늘의 나'로 두면 어떨까? 오늘 내 절약과 투자가 내일의 나를 오늘보다 더 부자로 만들어준다면 괜찮지 않을까? 남과의 비교는 끝이 없다. 아무리 노력한들 빌 게이츠나 워런 버핏만큼 부자가 되긴 어렵다. 오늘의 나를 기준으로 삼자. 미래의 나는 오늘의 나보다 부자가 될 것이다.

돈을 벌려면 직업이 있어야 한다. 자영업이든 월급쟁이든 노동을 통해 돈을 벌어야 한다. 좋은 직업이 무엇인지는 정의하기 어렵지만 누구에게나 직업이 필요한 것은 분명하다. 일을 통해 돈을 벌고, 버는 돈보다 적게 소비하며 돈을 모아야 한다. 그리고 모인 돈을 굴려나가야 한다.

많은 투자자가 재테크로 대박의 꿈을 꾼다. 로또를 사는 심리와 같다. 재테크로 대박이 나면 돈도 펑펑 쓰고, 회사도 관둬야지 생각하는 게 투자자의 심리다. 종잣돈이 적고 단기간에 이런 대박을 좇으려면 고수익이 나야 한다. 매달 10%, 1년에 100%씩 수익이 나야 하는 것이다.(그 정도 수익률로도 모자랄 것이 분명하다) 이렇게 고수익을 좇으면 금융 사기에 걸릴 가능성이 높아진다. 스스로를 컨트롤하지 못해 투자에 실패하는 경우도 허다하다.

우리가 잘 아는 천재 물리학자 아이작 뉴턴은, 과학자로서는 성공했지만 투자자로서는 실패했다. 그는 1720년 영국의 남해(사우스시South

Sea)회사 주식에 잘못 투자하는 바람에 2만 파운드(약 20억 원)의 손해를 입었다. 당시 70대 후반으로 평생 모은 재산을 거의 날린 뉴턴은 이런 말을 남겼다.

"천체의 움직임은 계산할 수 있어도 인간의 광기는 도저히 측정할 수 없다."

우리가 잘 아는 고수익의 유혹은 최근에도 있었다. 비트코인으로 시작된 가상화폐 열풍이었다. 많은 사람이 가상화폐에 투자했다. 2011년 4월 1달러였던 비트코인의 가격은 2021년 11월 67,567달러까지 올랐다. 1달러에 사서 10년 6개월 동안 보유했다면 매년 188%의 상승을 한 셈이다. 실로 놀라운 수익률이다. 문제는 가격이 낮을 때 사지못한 사람들이다. 2021년 11월에 비트코인을 샀다면 다음해 12월까지 76%나 하락하는 경험을 했을 것이다. 1억 원을 투자했다면 7,600

그림 3 • 남해회사 주가(1718-1721) 뉴턴의 투자

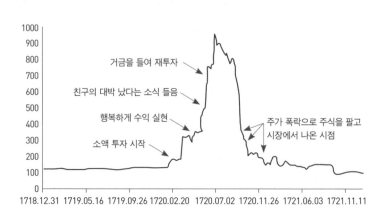

만 원이 사라진 것이다. 이런 정도의 손실 수준은 누구도 감당하기 어렵다. 이와 같은 하락이 처음은 아니다. 2011년 6월 29.6달러로 고점을 찍은 후 2011년 11월 2.05달러로 93%가 하락하기도 했다. 2017년 12월 고점이었던 19,497달러에서 다음해 12월 83%가 하락했다.

다른 암호화폐의 사정은 더 심각했다. 2022년 5월 암호화폐 루나가 일주일 새 99% 폭락하며 50조 원이 넘는 피해를 불러일으켰다. 암호화폐 시가총액 10위 안에 있었던 초대형 코인인 테라와 루나는 한국인이 개발해 국내에서도 인기가 많았다. 원인 모를 대량 매도로 시작된 이들 코인의 가격 하락은 구조적 결함 이슈와 더불어 단 일주일 만에 99.99999% 폭락해 휴지 조각이 됐다. 영국 〈가디언The Guardian〉지는 이 사건을 '암호화폐 세계의 리먼 브라더스 사태'로 비교했으며, IMF 총재는 전형적인 피라미드 사기라고 비판하기도 했다. 2023년 3월 테라와 루나를 개발했던 대표는 인터폴 최고 등급인 적색 수배 중이다.

투자자의 최대의 적은 투자자 자신이다. 욕심이 투자를 망친다. 어렵게 번 돈을 날려버리는 것이다.

재테크란 노동을 통해서 돈을 벌고, 번 돈의 일부를 모아서 굴리는 것이다. 적정한 수익은 충분히 낼 수 있다. 조급함과 욕심을 조금만 내려놓으면 투자로 수익을 오랫동안 낼 수 있는 방법이 보인다.

# 02.
# 내 돈은
# 내가
# 굴리자

금융 전문가가 아닌 일반인의 금융 지식을 높이고, 자신의 자금을 직접 운용하길 바라는 마음에서 이 책을 썼다. 전문가도 많은데 왜 스스로 하라는 걸까?

'정육점 주인과 영양사'라는 제목의 유튜브 영상이 있다. 2분 남짓한 영상의 내용을 요약하면 이렇다.

> 정육점에 들어가 저녁 요리를 추천해달라고 하면 정육점 주인은 당연히 고기를 추천한다. 반면 영양사에게 추천해달라고 하면 건강에 좋은 균형 잡힌 식단을 추천한다. 정육점 주인은 금융 상품을 판매하는 중개인을 상징한다. 정육점 주인이 고기를 추

천하듯 중개인은 자신에게 판매 수수료가 높은 금융 상품을 추천할 수밖에 없다. 반면 상품을 판매하면서 별도 수수료 없이 상담료만 받는 독립재무상담사의 경우는 영양사가 건강에 좋은 식단을 추천하듯 다양한 금융 상품을 균형 있게 제시할 가능성이 높다.

재테크나 재무설계 책을 보면 좋은 전문가를 찾는 방법을 알려주고 전문가와 상의하라고 한다. 하지만 실제로 전문가를 만나기는 어렵다. 특히 좋은 전문가를 만나는 건 거의 불가능하다. 이유는 명확하다. 좋은 전문가는 고액 자산가를 먼저 찾아갈 것이기 때문이다. 그도 역시 사람이다. 돈을 벌기 위해 일하는데 고액 자산가에게서 나오는 수수료 수입이 더 많지 않겠는가. 자산 1억 원인 고객과 100억 원인 고객이 있다면 당연히 100억 원인 고객을 찾아갈 수밖에 없다. 그래서 일반인은 스스로 재테크하는 방법을 배워야 한다. 금융 지식을 높여야 하는 것이다.

만약 자산이 적어도 재테크를 도와주겠다고 한다면 열에 아홉은 각종 금융 상품을 판매하려는 목적일 가능성이 높다. 겉으로는 무료인 듯 보이지만 판매 수수료나 각종 커미션이 숨겨진 경우가 허다하다. 심지어 그 전문가가 우리 회사, 우리 집 근처까지 찾아와 무료로 뭔가를 알려주겠다고 하면 더욱 의심해봐야 한다.

세상에 공짜는 없다. 오히려 수수료를 받는 전문가를 찾아가는 게 낫다. 컨설팅 비용을 내고 상담을 받는 것이다. 진짜 전문가인지 아닌지는 나중에 알 수 있겠지만 최소한 정육점 주인처럼 자기네 집에서

파는 고기만을 추천하진 않을 것이다.

- ♦ 강남 빌딩 임대사업에 투자하면 월 4~20%의 수익을 얻을 수 있다고 속여 남편이 운영하는 학원 원생의 부모와 지인 등 30여 명을 상대로 85억을 투자받아 이 가운데 34억을 가로챔.
- ♦ P2P 대출에 투자하면 높은 수익을 보장해주겠다며 투자금 135억여 원을 받아 가로챔. … 2개월 운용 뒤 투자금의 20%에 해당하는 수익을 보장하고 투자 즉시 5~9%의 수익을 지급한다고 홍보함.
- ♦ 주식이나 선물에 투자하면 300% 수익률을 낼 때까지 무료로 리딩(투자 지시나 권유)을 해준다며 속인 뒤 투자금을 가로채는 사기 사이트가 기승을 부림.
- ♦ 금 사업에 투자하면 고수익을 얻을 수 있다고 속여 770여 억의 투자금을 가로챔. … 원금 보장은 물론 투자금의 4~6%를 매월 수익금으로 지급하고….
- ♦ 물류회사에 투자하면 월 8~15%의 수익을 얻을 수 있다고 속여 100여 억을 가로챔.

위의 사례는 한국금융투자자보호재단의 소식지에 나온 금융 사기 내용이다. 매해 끊임없이 발생하는 금융 사기의 공통점은 하나다. '고수익을 보장한다'고 광고하는 것이다. 달콤한 말로 부자로 만들어주겠다고 하니 금융 상식이 부족한 많은 시민이 평생 모은 돈을, 은퇴 자금을, 결혼 자금을 사기당한다. 금융 상식이 있었다면 저런 높은 고수익이 불가능함을 알았을 텐데 너무 안타까운 일이다.

## 연금은
## 내 행동장치

그리스 신화에 오디세우스와 세이렌 이야기가 나온다.

트로이 전쟁이 끝난 뒤 고향으로 돌아가던 오디세우스는 세이렌 섬을 지나가게 되었다. 반은 여자, 반은 새의 모습을 한 마녀 세이렌은 아름다운 노래를 불러 선원들을 유혹하는데, 그 섬에 다가간 배는 암초에 부딪혀 가라앉고 결국 모두 죽는다. 여신 키르케는 오디세우스에게 이런 위험을 알려주고 그에게 한 가지 해결 방법을 제시한다.

키르케의 충고를 듣고 오디세우스는 세이렌에게서 살아남는다. 그는 자신을 가죽 끈으로 돛대에 묶고, 배 위에 있는 선원들에게는 귀에 밀랍을 넣으라고 명령하여 유혹당하지 않도록 했다. 오디세우스는 세이렌의 매혹적인 노랫소리를 들을 수 있었지만, 배와 부하들을 조절할 수 없게 해놓았기 때문에 죽음의 해안에 접근하지 않을 수 있었다.

이 이야기는 자기 조절의 중요성을 직관적으로 설명한다.

오디세우스는 그가 할 수 있는 선택권을 제한해둔 덕분에 목표를 이

룰 수 있었다. 오디세우스는 자신의 손을 묶어 원하는 것을 얻었다. 오디세우스가 세이렌의 유혹에 넘어갈 것을 대비해 자신의 몸을 묶도록 한 행동을 심리학에서는 '행동장치'라고 부른다. 행동장치는 원하는 결과를 얻기 위해 스스로 행동에 제약을 가하는 것을 말한다.

투자나 노후 준비에 있어서도 행동장치는 아주 중요한 역할을 한다. 〈부자들의 생각법〉의 저자 하노 벡은 행동장치를 활용하는 방법으로 집을 사라고 권한다. 집을 사는 것은 분산투자 관점에서 보면 어리석은 짓일 수 있다. 일반인의 경우 집을 사기 위해 전 재산을 투입해야 한다. 전 재산을 한 가지 대상(집)에 넣어두면 굉장히 위험할 수 있다. 또한 집을 사면 재산의 유동성이 낮아진다. 그 밖의 투자처가 있어도 투자할 여력이 없어지기 때문이다. 하지만 이런 단점에도 불구하고 돈을 묶어둘 수 있다는 장점이 있다. 돈을 집에 묶어두면 더 이상 그 돈에 손대기가 어렵다.

대다수 사람은 모은 돈만으로 집을 살 수 없다. 이럴 경우 대출을 이용한다. 이때의 대출 역시 행동장치로써 역할을 한다. 또한 사람들은 빚을 부담스럽고 무서워한다. 심리적인 영향으로 월급이 들어오면 빚을 먼저 갚고 소비한다. 즉 소비를 줄여주는 효과가 나는 것이다. 부자가 되는 방법으로 저축을 먼저 한 다음 소비하라고 하지만 이 방법은 실패할 가능성이 높다. 대출을 대할 때와 저축을 대할 때의 심리가 전혀 다르기 때문이다. 이런 심리 차이 때문에 행동이 달라지는 것이다.

집값 대비 전세가의 비율을 전세가율이라고 한다. 전세가율이 80~90%에 달하는 집에 전세로 살고 있는 사람은 집값이 오르지 않을 것이라고 생각할 가능성이 높다. 10~20%만 더 대출을 받으면 그 집을 살 수 있는데 안 사고 있으니 말이다. 직장 출퇴근이나 아이 키우기 등 살기에 나쁘지 않은 곳이라서 그곳에 거주할 가능성이 높다. 그런데 그 집을 사지 않는 이유는 집값이 하락하거나 횡보할 것이라고 예측했다고 볼 수 있다. 이런 세입자가 갖게 되는 위험은 집값 상승이다. 집값이 오르면 전세가도 따라 오를 수 있으며, 전세가 상승은 온전히 세입자의 몫으로 돌아올 수 있다. 집값이 오르지 않을 것이라는 예측이 빗나감에 따른 '기분 나쁨'은 덤이다. 이런 상황을 '집값 상승 위험에 노출'되어 있다고 한다.

거주 목적 외에 투자 목적으로 집을 갖고 있다면 어떨까? 전세가율이 80%인 집은 집값의 20%만 마련하면 집을 살 수 있다. 5억 원짜리 아파트라면 전세가 4억 원이고, 내가 투자해야 할 돈은 1억 원만 있으면 된다.(이것 역시 모두 내 돈이 아닐 수 있다. 대출을 이용할 수 있으니 말이다) 이렇게 전세를 끼고 집을 사는 것을 '갭투자'라고 한다. 이때 집값이 10~20% 오르면 5천만 원~1억 원이 오른다. 투자 자금(1억 원) 대비 투자 수익이 5천만 원~1억 원이므로 투자수익률은 50~100%에 달한다. 집값 상승기에 자주 나타나는 현상이다. 집값이 오를 것이라고 생각하고 투자한 것이고 예상대로 상승해주면 더없이 좋은 수익을 낼 수 있다.

문제는 예상과 달리 집값이 하락할 때다. 집값은 10~20% 상승할 수도 있지만 그만큼 하락할 수도 있다. 서울 강남구 아파트의 경우 2007년 고점 대비 2013년까지의 가격 하락이 마이너스 13% 수준이다. 성남시 분당구의 경우 같은 기간 하락률이 마이너스 23%가 넘는다. 이렇게 가격이 하락하면 갭투자자는 투자금을 손해 본다. 5억 원짜리 집을 1억 원을 들여 갭투자를 했는데, 집값이 20% 빠져서 4억 원으로 하락하면 투자 원금 1억 원을 모두 날린 셈이다. 거기에 전세가 하락분을 세입자에게 보전해주어야 하니 추가로 대출을 받거나 해야 한다. 투자손실율이 마이너스 100%가 넘어갈 수 있는 것이다. 예상이 빗나간 것에 대한 '기분 나쁨'이 문제가 아니다. 더욱이 투자 원금 1억 원을 대출받은 상황이라면 대출 이자까지 계속 나간다. 이런 상황을 '집값 하락 위험에 노출'되어 있다고 한다. 2023년 3월 현재도 주택 가격 하락으로 많은 가정이 힘들어 하고 있다. 거품이 심했던 만큼 하락 속도도 빠르다. 2022년 고점을 찍은 아파트 가격은 급격히 하락하고 있다. 세종시, 수원시 영통구, 인천시 연수구, 광명시, 시흥시, 화성시, 양주시 등은 직전 고점 대비 15% 이상 하락했다. 더욱 염려되는 것은 아직도 하락이 멈추지 않았다는 데에 있다.

집값의 상승이나 하락의 위험에 노출되지 않으려면 어떻게 해야 할까? 이런 위험을 헤지하려면 어떻게 해야 할까?

투자 목적의 부동산과 달리 거주 목적의 집 한 채는 집값이 오르든 떨어지든 상관없다. '거주'라는 목적을 달성하는 데는 문제가 없지 않은가. 오를 때 내 집만 오르는 게 아니고 우리 동네 집들이 비슷하게 오른다. 떨어질 때도 마찬가지다. 집값이 떨어진다고 평수가 줄어들지는 않는다. 상승할 때 역시 마찬가지다. 거주 목적의 집이지만 집값이 오르면 기분이 좋다. 기분이 좋아지는 것까지는 이해한다. 하지만 부자가 된 듯한 착각으로 차를 바꾸거나 해외여행을 가는 등 과도한 소비로 이어지는 것은 합리적이지 않다. 거주 목적의 집은 가격 변동과 상관없이 그 '거주'라는 목적을 달성할 수 있다. 이런 상태를 금융 용어로 위험 중립 상태라고 한다. 집 가격의 상승이나 하락이라는 불확실성에 따른 위험에 중립적인 입장이 된 상태라는 것이다. 본인의 자산이나 향후의 수입 등에 비추어 적절한 수준의 대출을 이용한 거주 목적의 주택 구입은 위험을 중립 상태로 만들어주는 좋은 대비책이다.

하노 벡은 또한 연금 상품을 추천한다. 연금 상품은 세제 혜택 등으로 해지가 아주 까다롭기 때문이다. 즉 장기로 운용할 수 있는 행동장치가 되어 준다. 노후 준비에 더없이 좋은 상품인 것이다.

살다 보면 돈 쓸 일은 무수히 많이 생긴다. 생활비, 자녀 교육비뿐만 아니라 예상치 못한 여행, 쇼핑, 병원비 등의 지출이 발생한다. 이건 마치 세이렌의 노래와 같다. 돈을 쓸 때는 즐겁지만 어느새 자기도 모르게 노후 빈곤이라는 죽음의 해안으로 가는 것이다. 그래서 필요한 게 연금이라는 행동장치다. 돛대에 몸을 묶은 오디세우스처럼 연금에 내 돈을 묶어놔야 한다.

연금저축이나 IRP는 일종의 강제 저축이다. 세액공제 혜택을 주는 대신 최소 5년 이상 적립해야 하고, 55세 이후에 연금으로 수령해야 한다. 만약 계약을 중도에 해지하거나 연금이 아닌 다른 방법으로 수령하면 인출 금액 중 세액공제 받은 금액과 운용 수익에 대해서 높은 세율의 기타소득세를 납부해야 한다. 세액공제가 노후 대비 저축을 유도하는 '당근'이라면 중도해지할 때 납부해야 하는 무거운 세금은 일종의 '채찍'인 셈이다.

노후 대비 투자는 장기 투자다. 그런데 인간의 본성은 장기 투자를 싫어한다. 따라서 노후 대비 저축에 성공하려면 인간 본성을 억누를 수 있는 당근과 채찍이 필요하다. 이런 조건을 가장 잘 갖춘 금융 상품

중 하나가 바로 연금저축과 IRP 상품이다. 당장 해지하기 불편하게 해놓은 것은 나중에 커다란 혜택으로 돌아온다.

## ▌연금저축신탁, 연금저축보험, 연금저축펀드 어디에 넣어야 돼?

연금저축은 크게 연금저축신탁, 연금저축보험, 연금저축펀드로 나뉜다. 어떤 상품에 넣어야 할까? 이 상품들의 과거 수익률을 보며 참고하자.

"2018년 12월 13일 금융 당국에 따르면, 지난 2001년부터 17년 납입을 기준으로 했을 때 연금저축펀드(6.32%)를 제외한 신탁과 보험의 연평균 수익률은 저축은행 적금 수익률(4.19%)보다도 낮았다. 은행에서 판매하는 연금저축신탁의 평균 수익률(2.9%)은 같은 은행권에서 판매된 적금 이자(3.1%)를 밑돌았다. '오래 묵히면 괜찮겠지'라고 생각하고 가입한 연금저축이 은퇴 후 삶의 질을 높여주지 않고 오히려 노후 불안감만 키우는 농사가 되고 만 것이다."

연금저축신탁과 연금저축보험의 수익률은 저축은행 적금 금리보다 낮았다. 그 이유는 앞서 설명했듯이 원리금보장형 상품 위주로 운영되기 때문이다. 원리금보장형 상품은 원금 손실 가능성이 없다. 그래서 안전하게 여기고 이런 상품으로 운용된 것이다. 하지만 노후를 위해서 진짜 안전한 건지는 생각해봐야 한다. 노후 준비를 위한 상품의 수익률이 적금 금리보다 낮다는 건 노후 준비 자금 마련이라는 목표를 달성하지 못할 가능성이 높다는 뜻이다. 연금저축펀드의 수익률이 높은 이유는 주식이나 채권 등의 상품을 이용해 적극적으로 운용했기 때문이다.

연금저축펀드 계좌는 다양한 펀드 상품에 투자할 수 있다. 펀드에는 크게 두 종류가 있다. 지수 성과보다 높은 수익을 추구하는 액티브펀드와 해당 지수 성과를 추종하는 지수형펀드(인덱스펀드)로 나눌 수 있다. 전문 펀드매니저가 운용하는 액티브펀드가 더 높은 수익을 내줄 것 같은데 과연 그럴까?

〈월스트리트 저널〉에 실린 '눈앞의 별빛에 사로잡힌 투자자들'이라

**그림 4 ● 연금저축 수익률 비교**

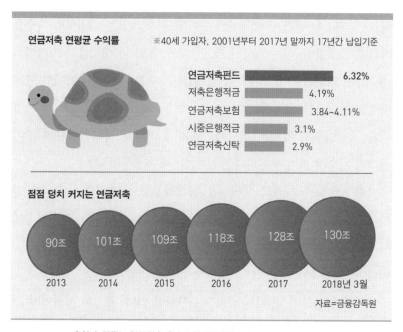

연금저축 연평균 수익률　※40세 가입자, 2001년부터 2017년 말까지 17년간 납입기준

연금저축펀드　6.32%
저축은행적금　4.19%
연금저축보험　3.84~4.11%
시중은행적금　3.1%
연금저축신탁　2.9%

점점 덩치 커지는 연금저축

90조 (2013)　101조 (2014)　109조 (2015)　118조 (2016)　128조 (2017)　130조 (2018년 3월)

자료=금융감독원

출처:속 터지는 연금저축, 6년 수익 고작 30만 원, 조선일보 2018.12.14

는 제목의 기사는 별점 4개나 5개짜리 펀드가 실제로는 별로 빛나지 않는 실적을 거두었다는 사실을 밝혔다. 연구자들은 1999년으로 돌아가 당시 별점 5개를 받았던 펀드들의 이후 10년 동안 거둔 실적을 조사했다. 연구 결과 별점 5개를 받은 248개의 펀드 중 10년 뒤에도 여전히 별점 5개를 유지한 펀드는 4개에 불과했다.

리서치 어필리에이츠Research Affiliates의 로버트 아노트 회장은 운용 규모가 1억 달러 이상인 상위 200개 액티브펀드의 실적을 연구했다. 1984년부터 1998년까지 15년 동안 200명의 펀드매니저 중에서 뱅가드 500지수를 이긴 사람은 8명에 불과했다. 지수를 이길 확률이 4%도 안 된다는 소리다.

2022년 12월 말 기준 'S&P 지수와 액티브펀드의 성과 비교SPIVA'에 따르면 지난 15년간 미국의 대형주펀드 중 93.4%는 S&P500 지수를 따라잡지 못했다. 이는 캐나다, 호주, 일본, 유럽 등 대부분의 지역에서 비슷하게 나타났으며, 조사 기간을 길게 가져갈수록 성과 차이가 크게 발생했다.

다양한 연구의 결론은 펀드매니저가 운영하는 액티브펀드의 장기 성과가 지수를 이기지 못한다는 것이다. 지수란 무엇일까?

지수(인덱스)란 가격의 움직임을 상대적으로 나타내주는 수치를 말한다. 주가지수란 주식시장의 움직임을 나타내는 지수다. 주식시장에 투자하는 방법 중 하나는 주가지수 움직임에 연동되는 상품을 사는 것이다.

국내 주식시장의 대표로는 코스피 시장이 있다. 코스피 시장에서 거래되는 주식들의 가격을 종합적으로 모아 만든 것이 코스피 지수다.

신문이나 뉴스에서 주식시장을 언급할 때 자주 사용된다.

주가지수가 3000을 넘었다거나 반 토막 났다고 표현할 때의 주가지수가 바로 코스피 지수다. 국내 주식시장에서 가장 많이 거래되는 대표적인 인덱스로 코스피200 지수가 있다. 이는 코스피 시장에 상장된 900여 개 중 상위 200개 기업의 주가를 이용하여 만드는 지수다. 코스피200 지수의 움직임에 투자할 수 있는 인덱스펀드나 ETF 등의 상품이 있다. 이런 상품을 이용하면 누구나 간편하게 주가지수에 투자할 수 있다.

외국의 경우도 나라마다 여러 개의 주식시장이 존재하며, 해당 시장의 움직임에 투자할 수 있는 상품이 존재한다. 미국의 경우 스탠더드앤드푸어s&p사가 작성해 발표하는 주가지수인 S&P500이 있고, 일본은 니케이225Nikkei225가 있다. 국채를 비롯한 채권시장의 움직임을 나타내는 지수와 상품도 있다. 금이나 원유 같은 원자재 가격의 움직임을 나타내는 지수와 상품 역시 다양하게 존재한다.

인덱스(지수)에 투자하는 방법은 인덱스펀드와 ETF(상장지수펀드) 두 가지가 있다. 펀드는 매수와 환매에 일정 기간이 소요된다. 반면 ETF는 주식처럼 실시간으로 매매되는 장점이 있다. 또한 ETF가 인기를 끄는 이유는 운용 보수가 저렴하기 때문이다. 공모펀드 기준 국내 주식형 펀드 연평균 운용 보수는 1.55% 수준인데, 주식형 ETF는 5분의 1 수준인 0.29%이다. 최근 연금저축펀드나 IRP(개인형퇴직연금) 계좌에 ETF를 활용하는 투자자가 늘고 있다. 이에 발맞춰 여러 증권사가 이런 연금 계좌에서 ETF를 매매할 수 있는 시스템을 갖추고 있다. 이 책에서는 증권사에서 가입할 수 있는 연금저축펀드 계좌에서 ETF를 이용해 투자하는 방법을 다룰 것이다.

## ETF 해보면
## 어렵지 않다!

ETFExchange Traded Fund(상장지수펀드증권)란 코스피200과 같은 특정 지수 및 특정 자산의 가격 움직임과 수익률이 연동되도록 설계된 상품으로, 거래소에 상장되어 주식처럼 거래되는 펀드를 말한다. ETF는 인덱스펀드와 마찬가지로 소액으로 분산투자가 가능하고, 개별 주식처럼 실시간 매매가 가능할 뿐 아니라 운용의 투명성과 저렴한 운용 보수를 자랑하는 뛰어난 투자 상품이다.

한국거래소에서 제공하는 교육 자료인 '애니메이션으로 보는 ETF 이야기'는 한 편당 3~4분으로 짧게 구성되어 있으니 한번 보기 바란다.•

ETF 상품의 경우 상대적으로 보수나 수수료 체계가 간단하다. 펀드에 비해 보수가 저렴하고, 온라인 거래수수료 역시 아주 낮은 수준이다. 자산별로 ETF 상품의 종류는 다양하다. 한국거래소에서는 매월 ETF 상품 정보를 자료로 만들어 발간하고 있는데, 2023년 3월 말 기준으로 690개의 ETF 종목이 상장되어 있다. 국내 ETF 433개(주식 252, 액티브 80, 레버리지·인버스 53 등)와 해외 ETF 257개(주식 143, 액티

---

• '한국거래소 홈페이지(krx.co.kr) ⇨ 금융교육 ⇨ KRX 아카데미 ⇨ ETF 강의실'을 찾아가면 볼 수 있으며, 더 자세히 ETF를 공부하고 싶으면 필자의 책 《ETF 처음공부(이레미디어, 2022.5)》를 참고해도 좋다.

## 표 1 ● 코스피 200 지수를 추종하는 ETF 목록

(2023.3.31 기준, 시가총액순 상위 10개)

| 종목명 | 총보수(A) | 상장일 | 거래 대금 (백만 원) | 시가총액 (억 원) |
|---|---|---|---|---|
| KODEX 200 | 0.15 | 2002 -10 -14 | 228,497 | 57,518 |
| TIGER 200 | 0.05 | 2008 -04 -03 | 41,841 | 20,215 |
| KODEX 200TR | 0.05 | 2017 -11 -21 | 3,101 | 20,168 |
| RISE 200 | 0.017 | 2011 -10 -20 | 8,637 | 13,821 |
| PLUS 200 | 0.04 | 2012 -01 -10 | 4,901 | 6,133 |
| HANARO 200 | 0.036 | 2018 -03 -30 | 3,122 | 5,421 |
| KOSEF 200TR | 0.012 | 2018 -04 -23 | 2,225 | 4,959 |
| KOSEF 200 | 0.13 | 2002 -10 -14 | 910 | 4,341 |
| ACE 200 | 0.09 | 2008 -09 -25 | 1,669 | 4,242 |
| SOL 200TR | 0.05 | 2018 -04 -23 | 360 | 2,180 |

브 40, 레버리지·인버스 31 등)로 다양한 지역과 자산별로 상장되어 있다.

우리나라 주식시장의 대표인 코스피200 지수를 추종하는 ETF 상품의 종류는 [표1]과 같다.

동일 지수를 추종하는 다양한 ETF 중 투자 대상 상품을 고를 때는 몇 가지 기준이 있다.

첫째, 거래 대금과 시가총액이 큰 상품이 유리하다. 거래 대금(유동성)이 적을 경우 주문 체결에 불리해질 수 있다. 거래량이 많고 시가총액이 클 경우 많은 사람이 거래하고 있으므로 해당 ETF는 투자자들에게 어느 정도 검증받았다고 볼 수 있다.

둘째, 총보수나 총비용이 적은 상품이 좋다. ETF의 보수는 매일 시가총액에서 차감된다. 보수가 많은 상품이 무조건 나쁘다고 할 수 없으나 ETF의 장점 중 하나가 낮은 비용이다. 비슷한 조건이면 보수가 낮은 상품의 수익률이 좋은 경우가 많다. 보수와 비용 모두를 체크하여 낮은 ETF를 선택하자.

셋째, ETF 상품을 운용하는 자산운용사의 규모나 신용 등을 살펴본다. 규모가 작은 상품의 경우 거래 시에 매수매도 호가 차이로 손해를 보기도 하고 상장 폐지되기도 하기 때문이다.(ETF의 경우 상장 폐지는 되어도 최종 기준으로 잔액을 돌려주므로 상장 폐지되는 주식처럼 휴지 조각이 되는 경우는 없다)

넷째, TRTotal Return이 붙은 ETF는 분배금을 자동 재투자하는 상품이다. 분배금에는 배당소득세(15.4%)가 붙기 때문에 세금 효율성을 따진다면 TR 상품을 선택하는 것이 낫다. 이자와 배당 소득이 많아 금융소득종합과세 대상자가 되는 경우는 더욱 그렇다.

ETF 상품의 다양한 정보는 한국거래소www.krx.co.kr나 각 자산운용사 홈페이지, 혹은 포털사이트https://finance.naver.com/sise/etf.naver 등을 통해 얻을 수 있다.

이렇게 장점이 많은 ETF를 금융회사들이 적극적으로 홍보하지 않는 이유는 뭘까? 한마디로 마진이 적기 때문이다. 펀드로 들어오는 보수를 보면 일반 펀드나 인덱스펀드에 비해 ETF는 매우 낮기 때문이다. ETF 투자 비중이 높아질수록 일반 펀드 투자 비중은 상대적으로 줄어들 수밖에 없다.

또한 모든 소비자가 가성비로만 차를 선택하지 않듯이 투자에 있어서도 각자의 취향이 반영된다. 주식은 막연히 위험하다는 인식 때문에 은행 예금만 거래하는 사람이 있는가 하면, 고수익을 노리고 변동성이 심한 중소형 주식에만 투자하는 사람도 있다. 다양한 투자자의 욕구를 맞춰야 하는 금융회사의 입장에선 여러 가지 투자 상품을 나열해 판매할 수밖에 없다. 다행히 세계적으로 ETF 시장이 급성장하여 투자자의 선택의 여지가 커지고 있다. 이에 따라 국내에도 다양한 ETF 상품과 이를 이용한 간접투자 상품도 나오고 있어 향후 발전이 기대된다. 개인 투자자에게 ETF는 더할 나위 없는 선물이다.

## 수익률과
## 복리의 함정

투자의 목적은 높은 '수익'을 얻는 것이다. 투자금 대비 수익의 크기를 '수익률'이라고 하고, 투자를 할 때 미리 예상하는 수익률을 '기대수익률'이라고 부른다. 기대수익률이란 늘 플러스이겠지만 실제 수익률에는 플러스일 때도 마이너스일 때도 있다.

"수익 50%와 손실 50%는 같은 것일까? 첫해에 수익이 50% 나고 다음해에 손실이 50% 발생했다면 원금은 그대로일까?"

얼핏 보면 원금이 그대로 보전됐을 것이라 생각할 수 있다. 플러스 50%에 마이너스 50%이니까 합치면 0%. 그러니 본전이라고 생각할 수 있다. 찬찬히 살펴보자. 50%의 변동성이 있는 투자 대상 A가 있다고 치자. 당신은 화끈한 수익을 원하므로 A에 1,000만 원을 넣었다. 다음해에 예상대로 50%가 올랐다. 수익은 투자금 1,000만 원의 50%인 500만 원이고, 잔금은 원금 1,000만 원에 수익 500만 원이 더해져서

1,500만 원이 됐다. 이 잔금 1,500만 원은 여전히 투자되어 있으니 이제 투자금은 1,500만 원이다.

안타깝게도 다음해에는 50%가 떨어졌다.(사실 안타까울 일은 아니다. 한 번 올랐으니 한 번은 떨어지는 게 변동성의 속성이고 공평하다) 이때 손실은 투자금 1,500만 원의 50%인 750만 원이다. 잔고는 1,500만 원에 손실 750만 원을 뺀 750만 원이다. 50%가 올랐다가 50% 떨어졌는데 원금도 못 건졌다. 반대 경우를 보자.

첫해 1,000만 원을 넣었는데 50% 손실이 났다. 그럼 잔고는 500만 원이다. 다음해에는 50% 상승을 했다. 500만 원의 50%인 250만 원 수익이므로 잔고는 750만 원이다.

올랐다가 떨어지거나 떨어졌다가 오른 두 가지 반대의 경우를 봤다. 변동성은 떨어질 때나 오를 때나 똑같이 50%였다. 공평하게 한 번의 상승과 한 번의 하락이었는데 뭔가 억울하다. 당신의 잔고는 두 경우 모두 원금에서 250만 원 손해 본 750만 원이다. 계산 과정을 보니 속임수는 없는 것 같다. 이것이 복리의 안 좋은 예다.

수익률의 변화 단위가 10%에서 100%로 커질 때 투자 자금의 잔고 변화를 보면 [표2]와 같다. 고수익을 노릴수록 오히려 잔고가 하락할 수 있다. 10%의 수익과 하락이 반복할 경우 잔고는 99만 원이다. 50%의 수익과 하락이 반복되면 잔고는 75만 원이다. 100% 수익과 하락이 반복하면 잔고가 0원이 된다. 다시 투자를 시도할 수도 없는 상태가 되는 것이다.

수익률에 따른 잔고 변화가 지속적으로 반복하면 [표3]과 같은 결과가 발생한다. 10% 상승과 하락을 반복하는 투자를 10번 반복하면 잔

표 2 ● 수익률에 따른 잔고 변화

| 원금 | 수익률1 | 잔고1 | 수익률2 | 잔고2 |
|------|---------|-------|---------|-------|
| 100 | 10% | 110 | -10% | 99 |
| 100 | 20% | 120 | -20% | 96 |
| 100 | 30% | 130 | -30% | 91 |
| 100 | 40% | 140 | -40% | 84 |
| 100 | 50% | 150 | -50% | 75 |
| 100 | 60% | 160 | -60% | 64 |
| 100 | 70% | 170 | -70% | 51 |
| 100 | 80% | 180 | -80% | 36 |
| 100 | 90% | 190 | -90% | 19 |
| 100 | 100% | 200 | -100% | 0 |

고가 95만 원 남는다. 물론 마지막 하락이 없었다면 잔고는 106만 원이다. 50%의 상승과 하락이 반복되었을 경우의 잔고는 훨씬 작은 24만 원이다. 마지막 하락 전 잔고는 47만 원밖에 안 된다. 100%의 상승과 하락을 반복하는 투자라면 2번째 하락 이후 깡통계좌가 된다. 다음의 투자 기회를 갖지도 못하는 것이다. 상승하는 수익률만 노리고 고수익을 추구하다가 손실을 보게 되는 이유가 이것이다.

운이 좋아 대박이 난 사람들의 이야기가 종종 언론에 소개된다. 하지만 대다수 투자자는 평균적인 운과 확률을 따를 것이다. 투자란 상승과 하락의 반복임을 받아들이고 늘 하락에 대비하는 자세를 가져야 한다.

보통 '복리의 마법'이란 말은 좋은 경우에만 사용한다. 좋은 복리의

## 표 3 ● 수익률에 따른 잔고 변화 (10회 반복 시)

| | | | | | | | | | | |
|---|---|---|---|---|---|---|---|---|---|---|
| 잔고10 | 95 | 82 | 62 | 42 | 24 | 11 | 3 | 1 | - | - |
| 수익률10 | -10% | -20% | -30% | -40% | -50% | -60% | -70% | -80% | -90% | -100% |
| 잔고9 | 106 | 102 | 89 | 70 | 47 | 27 | 12 | 3 | - | - |
| 수익률9 | 10% | 20% | 30% | 40% | 50% | 60% | 70% | 80% | 90% | 100% |
| 잔고8 | 96 | 85 | 69 | 50 | 32 | 17 | 7 | 2 | - | - |
| 수익률8 | -10% | -20% | -30% | -40% | -50% | -60% | -70% | -80% | -90% | -100% |
| 잔고7 | 107 | 106 | 98 | 83 | 63 | 42 | 23 | 8 | 1 | - |
| 수익률7 | 10% | 20% | 30% | 40% | 50% | 60% | 70% | 80% | 90% | 100% |
| 잔고6 | 97 | 88 | 75 | 59 | 42 | 26 | 13 | 5 | 1 | - |
| 수익률6 | -10% | -20% | -30% | -40% | -50% | -60% | -70% | -80% | -90% | -100% |
| 잔고5 | 108 | 111 | 108 | 99 | 84 | 66 | 44 | 23 | 7 | - |
| 수익률5 | 10% | 20% | 30% | 40% | 50% | 60% | 70% | 80% | 90% | 100% |
| 잔고4 | 98 | 92 | 83 | 71 | 56 | 41 | 26 | 13 | 4 | - |
| 수익률4 | -10% | -20% | -30% | -40% | -50% | -60% | -70% | -80% | -90% | -100% |
| 잔고3 | 109 | 115 | 118 | 118 | 113 | 102 | 87 | 65 | 36 | - |
| 수익률3 | 10% | 20% | 30% | 40% | 50% | 60% | 70% | 80% | 90% | 100% |
| 잔고2 | 99 | 96 | 91 | 84 | 75 | 64 | 51 | 36 | 19 | - |
| 수익률2 | -10% | -20% | -30% | -40% | -50% | -60% | -70% | -80% | -90% | -100% |
| 잔고1 | 110 | 120 | 130 | 140 | 150 | 160 | 170 | 180 | 190 | 200 |
| 수익률1 | 10% | 20% | 30% | 40% | 50% | 60% | 70% | 80% | 90% | 100% |
| 원금 | 100 | 100 | 100 | 100 | 100 | 100 | 100 | 100 | 100 | 100 |

예를 들어보자. 1998년 1분기 정기예금 이자는 17%였다. 그 당시 예금에 넣어놓고 돈을 찾지 않았다면 현재 얼마일까?

- 1998년 : 1,000만 원 입금,
- 1999년 : 잔고 1,000만 원 + 이자 170만 원(=1,000만 원× 17%) = 1,170만 원
- 2000년 : 잔고 1,170만 원 + 이자 198.9만 원(=1,170만 원× 17%) = 1,368.9만 원
- ……
- 2023년 : 얼마일까?

스물다섯 번만 반복하면 된다. 이것을 한 줄짜리 수식으로 표현하면 다음과 같다.

$$\text{투자 결과} =$$
$$[\text{원금} \times (1+\text{이율})]^{\text{기간}} = \text{원금} \times (1+\text{이율})^{(\text{기간})}$$

위의 식대로 계산하면 투자 결과는 $1,000 \times (1+0.17)^{25} = 50,658$이다. 5억 658만 원!!!

25년 만에 통장 잔고가 50배 넘게 불었다. 이것이 복리의 마법이다. 이자에 이자가 붙는 것이다. 이 정도 수익률이면 투자에 대한 고민은 안 해도 될 것 같다.

언론이나 광고에 나오는 이런 식의 계산에는 늘 몇 가지 함정이 있다.

첫 번째 함정은 예금의 경우 이렇게 장기간 고정금리를 주지 않는다는 사실이다. 보통 1~3년 수준이다. 예금의 특성상 장기간의 고정금리 상품이 만들어지기가 어렵다. 예금할 때 고객은 돈을 맡긴다고 생각하지만, 은행 입장에서는 고객(예금자)한테 돈을 빌리는 것과 같다. 예금자한테 돈을 빌려서 다른 고객(대출자)에게 빌려주고 예금 이자와 대출 이자의 차이로 수익을 만든다.(당연히 대출 이자가 예금 이자보다 비싸다) 1998년처럼 이자가 높으면 대출자들이 대출을 안 받거나 기존 대출도 빨리 갚으려고 한다. 은행 입장에서는 대출자가 돈을 언제 갚을지 알 수 없으니 예금의 고정금리 기간을 길게 몇 년씩 가져갈 수가 없다. 대출의 기간과 예금의 기간을 엇비슷하게라도 맞추어야 한다. 즉 시장 상황에 따라 금리는 계속 변한다.

두 번째 함정은 앞의 예시에서 이자소득세를 빼지 않았다는 것이다. 예금을 가입해 이자를 받으면 이자 소득에 대한 세금을 원천징수한다. 원천징수란 이자를 받기 전에 세금이 미리 공제된다는 말이다. 이자소득세 역시 상황에 따라 수시로 바뀐다. 1998년 1분기에는 22%였고, 이후 최고 24.2%에서 현재 15.4%로 변했다. 앞의 사례에서 이자를 고정이라 가정했으니 이자소득세율도 고정이라 가정해보자. 1998년 당시 22%의 이자소득세율을 감안하면 세후이자는 17%가 아니라 13.26%(=17%×(1-22%))로 낮아진다. 세후 잔고는 5억 658만 원이 아니라 2억 2,486만 원이 된다. 처음 계산보다 2억 8,172만 원이 줄어든 금액이다. 이만큼이 정부의 소득세 수입이다.

세 번째 함정은 물가상승률을 이야기하지 않았다는 점이다. 1998년 초 100만 원이었던 물건은 2022년 말 기준 169만 원이다. 물가가 연평균 2.2% 올랐다. 이자율 17%에서 물가상승률을 빼야 실제 수익인 실질수익률이다. 17%에서 2.2%를 뺀 실질수익률은 14.8%이다. 앞에서 계산한 이자소득세도 빼면 11.6%이다. 이것이 '세후실질수익률'이다. 많이 낮아졌다. 실제 수익을 계산할 때 이런 것을 감안해야 한다.

앞의 세 가지 경우는 예금을 포함한 모든 투자 상품에 적용되는 반드시 알아야 할 사항이다. 복리의 효과가 떨어지고 광고에서 보던 수익보다 많이 낮아지긴 하지만 원금이 손실 나지는 않는다. 하지만 손실 가능성이 있는 투자에서 복리는 역효과를 낸다. 이것이 네 번째 함정으로 가장 강조하고 싶은 내용이다.

복리의 마법은 마이너스 수익률에서도 동일하게 적용된다. 아니 더 무섭게 적용된다. 앞에서 예를 든 50%의 수익과 50%의 하락이 있을 경우 상승 후 하락이든 하락 후 상승이든 원금 1,000만 원 대비 250만 원을 손실 보게 되어 있다. 상승 후 하락인 경우 1,000만 원 ⇨ (50% 상승) ⇨ 1,500만 원 ⇨ (50% 하락) ⇨ 750만 원으로 잔고가 바뀌었다. 복리의 마법이란 이자에 이자가 붙는 것을 말한다고 했다. 이 경우 첫해에 상승해서 500만 원을 벌었는데 이듬해 하락할 때 원금 1,000만 원만 50% 하락하는 게 아니고, 첫해 수익 500만 원도 50% 하락하는 것이다. 그러니 똑같은 50%씩의 상승과 하락을 했어도 최종 잔금이 750만 원으로 원금도 못 지키는 것이다.

## 복리(複利), 복리(福利), 폭리(暴利)

1626년 네덜란드 이민자들은 인디언들에게 24달러에 해당되는 장신구를 지급하고 맨해튼을 매입했다. 363년이 지난 1989년 전설적인 펀드매니저 피터 린치는 예전의 24달러를 8%의 수익률로 복리 투자되었을 경우 32조 달러의 원리금이 발생한다는 재미있지만 다소 충격적인 분석 결과를 발표한 적이 있다.(1989년 당시 실제 맨해튼의 토지 가격은 600억 달러로 추산된다)

복리의 마법을 설명하는 대표적인 얘기다. 복리란 원금에 이자를 붙이고, 그 둘을 합한 금액에 이자가 또 붙는다는 말이다. 이 사례는 극단적인 경우를 가정하긴 했지만 복리의 중요성을 인상적으로 설명해준다. 하지만 이 사례의 결정적인 한계는 맨해튼의 토지 가격이 그렇게 오를지 투자 시점에서는 알 수 없었다는 점이다. 콜럼버스가 탐험할 무렵의 미국은 지금 같은 부자 나라가 아니었다. 위치도 제대로 파악이 안 되어 인도의 서쪽 어디일 거라 짐작해서 서인도 제도라고 불렸다. 미국은 그야말로 위험한 투자 대상이었던 것이다. 지금 어느 탐험가가 아프리카 혹은 어느 미지의 땅을 발견했다고 해서 그 땅을 살 수 있을까?

복리 효과는 빚을 진 사람에게는 '폭리' 효과로 다가온다. 대출 원금과 이자를 제때 갚지 못하면 그 이자에 또 이자가 붙는다. 기하급수적으로 갚아야 할 돈이 불어난다. 앞의 예금 사례를 대출로 바꿔보자. 1998년에 17% 금리로 1,000만 원을 대출 받았고, 한 번도 원금과 이자를 갚지 않았다면 2023년 말 빚의 크기는 얼마일까?(실제로는 대출 이자가 예금 이자보다 항상 비싸다) 계산하는 방법은 앞에서와 같다.

$$\text{빚의 크기} =$$

$$\text{원금} \times (1+ \text{이율})^{\text{기간}} = \text{원금} \times (1+\text{이율})^{(\text{기간})}$$

위의 식대로 계산하면 빚은 현재 5억 658만 원(=1,000×(1+0.17)^25)이 된다. 빚이 50배로 늘어났다. 예금했을 때는 이자소득세를 떼어가서 세후수익률이 50배에서 22배로 떨어졌었다. 하지만 빚을 지면 대출금리가 줄어들 만한 보조 장치는 없다. 오히려 신용도만 나빠진다. 그리고 빚을 갚지 않으면 돈을 빌려준 쪽에서 가만히 놔두지 않는다. 대출 상환 독촉이 심해지는데, 담보를 회수하거나 극단적인 경우 가족을 찾아가기도 한다.(물론 물가상승분만큼 빚이 탕감되는 효과는 있다)

이처럼 복리複利란 저축하는 사람에게는 복을 주는 복리福利고, 빚을 못 갚는 사람에게는 고통을 주는 폭리暴利가 될 수 있음을 분명히 알아야 한다. 복리 계산은 암산하거나 계산기로는 어렵다. 르네상스 시대 이탈리아의 수도사이자 수학자였던 파치올리는 일반인도 쉽게 쓸 수 있는 복리 계산 공식인 '72의 법칙'을 세상에 알렸다. 원금이 2배가 되는 기간을 계산할 때 72를 수익률이나 금리로 나누면 된다. 예를 들어 수익률이 10%이면 72 나누기 10이므로 7.2년 후에 원금이 2배가 된다.

다음 질문에 답해 보자.

투자금 100만 원에 투자 기간이 10년짜리인 두 개의 상품이 있다. 상품 A는 10% 수익을 보장하는데 10년 중에 딱 3번은 10%만큼 하락한다. 대신 나머지 7번은 확실히 10%의 괜찮은 수익률을 보장한다. 상품 B는 연 4%짜리 상품이다. 수익률은 낮지만 하락 없이 매년 같은 수익률을 보장한다. 어떤 상품을 선택할 것인가?

얼핏 보면 판단하기가 어렵다. 상품 A는 7번의 10% 상승과 3번의 10% 하락이 있으니 단순 계산하면 7×10%-3×10%로 40%의 수익이 날 것 같다. 상품 B는 4%씩 10번 수익이 나니 10×4%로 40% 수익이다.(이렇게 계산하는 것을 '산술수익률'이라고 한다) 두 상품의 수익은 똑같지 않은가? 그렇다면 취향에 따라 선택하면 될 것이다.

하지만 정확히 계산한 투자 결과는 상품 A의 경우 10년 후 142만 원을 돌려받고, 상품 B는 148만 원을 돌려받는다.(이렇게 계산하는 것을 '기하수익률'이라고 한다. 기하평균 수익률 계산 방법 ⇨ 상품 A : $100×(1+0.1)^7×(1-0.1)^3$ = 142만 원, 상품 B : $100×(1+0.04)^{10}$ = 148만 원) 상품 B가 더 높은 수익이 났다. 상품 A의 변동성이 승패를 가른 것이다.

상품 A를 선택한 사람은 이렇게 말할 수도 있다. "6만 원 덜 벌었지만 4%짜리는 흥미 없어. 화끈한 게 좋아." 여기서의 가장 큰 차이점은 돈 6만 원이 아니다. A를 고른 사람은 7번의 상승 기간 동안 우쭐했겠지만 3번의 하락기 동안 아주 기분이 안 좋았을 것이다. 하지만 B에 돈을 넣은 사람은 투자 기간 내내 발 뻗고 잠을 잘 잤을 것이며, 본업에 충실할 수 있었을 것이다. 상승과 하락 시의 투자자의 심리 상태는 직접 경험해보지 않으면 모른다. 그렇게 일희일비할 게 있나 싶지만 인간은 아주 비이성적이고 비합리적이다.

최종 수익률을 비교하면 A는 연 3.87%, B는 연 4%이다. 손실(변동성)이 전체 수익률에 미치는 영향은 아주 크다. 투자를 결정하기 전에 예상하는 수익률을 기대수익률이라고 했다. 기대수익률이 높을수록 더욱더 손실의 가능성(확률)을 검토해야 한다. 세상에는 공짜가 없다.

## 수익과 소비, 월급의 의미

직장 생활 3년차인 김 대리는 열심히 모아둔 적금이 만기가 되었다. 만기가 된 천만 원을 예금에 넣을까 하다가 꼼꼼히 투자 공부를 한 뒤 원금 손실 가능성은 있지만 조금 더 높은 수익이 예상되는 상품에 투자했다. 1년 뒤 은행 예금보다 2% 이상 높은 수익이 발생했다. 김 대리는 본인의 예상이 들어맞았고 투자 결과가 좋아서 만족스러웠다. 그날은 마침 친구들과 모임이 있었다. 김 대리는 친구들에게 본인의 투자 노하우를 설파했고, 즐거운 마음에 그날의 술값은 자기가 냈다.

김 대리는 좋은 투자 습관을 갖고 있다. 만기가 된 적금을 아무 생각 없이 놔두는 게 아니라 꼼꼼하게 공부하여 고수익이 예상되는 상품에 투자했다. 천만 원을 투자했으니 예금 이자보다는 20만 원 더 수익이 났다. 훌륭한 투자다. 하지만 김 대리는 술값으로 20만 원 혹은 그 이상을 썼다. 그의 마음속 회계 장부에는 투자로 벌어들인 돈과 술값으로 나가는 돈이 다른 통장(계정)에 있었던 것이다.

투자를 통해 수익률을 높이기는 매우 어렵다. 오히려 소비를 줄이는 게 상대적으로 더 쉽다. 김 대리는 1년간의 위험한 투자로 벌어들인 소득을 한번에 써버렸다. 이 경우 수익률을 2% 올리는 것과 소비를 20만 원 줄이는 것은 김 대리의 통장 잔고에 같은 결과로 남는다. 수익률 1% 올리기는 투자를 전문으로 하는 이들에게도 아주 어려운 일이다. 반면 소비를 조절하는 것은 누구나 할 수 있다.

소비를 하지 않고 살 수는 없다. 하지만 소비를 적절히 통제하는 게 그 어떤 재테크 공부보다 중요하다. 본인의 소비 습관을 잘 관리하는 게 높은 수익률을 추구하는 것보다 훨씬 중요하다.

물론 김 대리의 투자 자세는 좋다. 종잣돈이 적을 때는 수익률의 크기가 미미해서 별 차이가 안 난다. 하지만 투자금이 1,000만 원에서 1억, 10억으로 늘어날 경우 2%의 수익이 주는 금액은 20만 원, 200만 원, 2,000만 원으로 크게 다가온다. 소비를 조절하여 종잣돈을 불리고 끊임없이 투자 공부를 하는 게 중요하다.

통계청 발표에 따르면 2021년 12월 기준 국내 임금 근로자 평균 소득은 월 333만 원(연봉 3,996만 원)으로 전년 대비 4.1%, 중위소득은 250만 원(연봉 3,000만 원)으로 전년 대비 3.3% 증가했다. 소득 구간별로 보면 150~250만 원 미만이 26.3%로 가장 많고, 250~350만 원 미만(17.8%), 85만 원 미만(13.8%) 순이다. 매달 1,000만 원 이상 받는 경우도 3.1%나 됐다.

평균 소득은 모든 소득을 합한 다음 근로자 수로 나눈 값이고, 중위 소득은 소득 기준으로 줄을 섰을 때 중간에 서게 되는 근로자의 소득이다. 평균 소득과 중위 소득이 차이 나는 건 고소득자의 소득에 비해 저소득자의 소득이 너무 낮아서 전체 평균이 올라가는 현상이 나타나기 때문이다. 많은 근로자가 공감하는 것은 중위 소득일 것이다. 중위 소득 250만 원은 연봉으로 3,000만 원이다. 이 금액은 어떤 의미일까?

연봉 3,000만 원을 은행 이자로 받으려면 얼마의 원금이 있어야 할까? 은행 예금금리가 3%일 경우 원금이 10억 원이 있어야 한다.(세금 포함) 다른 말로 하면 은행에 10억 원을 맡겨놓고 받는 돈(이자)과 내 노동력을 회사에 맡겨놓고 받는 돈(연봉)이 마찬가지라는 말이다.(실제로는 다르다. 이자로 사는 사람은 일을 하지 않을 수 있으니까)

## ▌은퇴
## ▌자금 준비

은퇴와 노후에 조금이라도 관심이 있는 사람이라면 은퇴 자금 관련 기사를 본 적이 있을 것이다. 은퇴 필요 자금이 10억이니 얼마니 하는 제목을 보고는 자신과 상관없는 내용이라고 관심을 꺼버리곤 한다. 이 돈은 어떻게 계산된 걸까?

은퇴 후 생활비 수준은 사람에 따라 다르겠지만 은퇴 이후 월평균 230만 원이라는 여론조사 결과가 나온 적이 있다. 일반적으로 부부의 용돈, 생활비, 차량 유지비, 아파트 관리비, 병원비, 경조사비가 주요 지출 항목을 차지한다. 그리고 자녀가 결혼했다고 하더라도 손자손녀에게 들어가는 비용이 있기 때문에 월 200만 원 이상의 비용이 지출된다.

연간 은퇴 생활비에 은퇴 기간을 곱하면 현재 시점에서 총 은퇴 자금이 계산된다. 월 230만 원이면 연간 2,760만 원(=230×12개월)이다.

60세에 은퇴하여 90세까지 산다면 은퇴 기간은 30년이다. 은퇴 자금을 계산하면 2,760만 원×30년 = 8억 2,800만 원이다. 그런데 이 금액(8억 2,800만 원)은 오늘 현재 가치로 계산됐으므로 오늘 은퇴하는 사람에게 필요한 금액이다. 따라서 이 금액을 자신이 은퇴하는 미래 시점의 가치로 환산해야 현실적인 은퇴 자금이 산출된다.

현재 40세라고 하면 은퇴 시까지 20년이 남은 것이다. 현재 8억 2,800만 원의 20년 뒤의 금액은 얼마일까? 물가상승률을 2%로 예상했을 때 20년 뒤에는 1.5배인 12억 3,036만 원이 필요하다는 계산이 나온다. 진짜 10억이 넘는 돈이 필요하다는 말이다.

월급 받아 생활하는 입장에서 저렇게 큰돈을 모을 수 있을까?

① 매월 512만 원을 집 안 금고에 쌓아놓으면 가능하다.(수익률 0%)
② 매월 394만 원을 예금하면 가능하다.(금리 3.0%, 세금 15.4%, 월 복리 가정)

앞에서 본 중위 근로자 월급이 250만 원이다. 즉 ①과 ② 둘 다 불가능한 이야기다.

③ 투자 수익이 연평균 15%이면 매달 93만 원만 투자하면 된다.(세후 기준)

고수익을 미끼로 투자를 권유하는 상품이 ③과 같은 방식의 사례를 든다. 월 93만 원이면 허리띠를 졸라매서라도 만들어볼 수 있는 금액일 것이다. 문제는 연평균 15% 수익을 20년 동안 낸다는 게 매우 어렵다는 말이다. 몇 년 정도는 이것보다 더 높은 수익이 날 수도 있다. 하지만 장기간 유지하는 건 거의 불가능하다. 또 다른 방법은 없을까?

④ 생활비를 115만 원으로 줄이면 은퇴 시점에 6억 1,518만 원이 필요해진다.(아직도 많다)
⑤ 60세부터 쉬는 게 아니라 다시 할 일을 찾아본다.

월급 100만 원 정도의 일을 찾아 75세까지 할 수 있다면 필요 자금은 줄어든다. 또한 하고 있는 일에서 급여가 올라가고 조금씩 저축액을 늘려간다면 은퇴 준비가 아주 불가능하지는 않다. 물론 60세 이후에 할 일을 찾는 것도 쉽지는 않다. 그래도 60세까지 12억 원을 만드는 일보다는 현실적이지 않은가. 섣불리 고수익을 좇다가 실패하기보다 현실적인 대안을 찾는 게 낫다.

## 적금 이자 2% vs. 예금 이자 2% vs. 펀드 수익 2%

은행의 적금과 예금 상품을 보면 이자가 비슷하게 표시되어 있다. 하지만 만기에 돈을 찾으면 나오는 돈은 다르다. 이자란 돈이 들어간 이후에 계산된다. 1년짜리 예금에 1000만 원을 넣으면 12개월치의 이자가 계산되니 만기에 1,020만 원이 된다. 적금의 경우 첫 달에 넣은 돈은 12개월치 이자가 나오지만 둘째 달에 넣은 돈은 11개월치 이자가 나오고, 마지막 달에 넣은 돈은 한 달치 이자가 나온다. 즉 적금이자는 실제 수령하는 돈을 기준으로 보면 표시된 이자의 절반 수준이다. 예금의 경우 이자소득세가 원천징수되니 만기에 받는 돈은 1,020만 원이 아닌 세금(15.4%)이 빠진 1,017만 원 정도다. 17만 원의 수익이 생긴 것이다. 적금은 그 절반인 8만 원 수준이다.

일반 펀드에 적립식으로 투자했을 때 1년 뒤 수익률이 2%라고 표시됐다면 얼마를 번 걸까? 일반적으로 펀드의 경우 환매 전 잔고를 이용해 수익률을 보여준다. 또한 선취판매수수료를 뺀 값이 원금으로 계산된다. 예를 들어 1년간 입금 총액이 1,000만 원이고, 선취판매수수료가 1%라면 이때 총 투자 원금은 990만 원이 된다. 수익률이 2%라면 990만 원의 2%, 19만 8천 원의 수익이 생긴 것이다. 잔액이 10,098,000원인 것이다. 내가 입금한 돈을 기준으로 하면 9만 8천 원의 수익이 생긴 것으로 1%가 안 되는 수준이다. 또한 환매할 경우 환매수수료나 배당소득의 과세로 실제 수익은 더 떨어진다.

적금과 예금, 펀드 등의 상품에 투자할 경우 실제 내 통장으로 들어오는 수익을 정확히 알고 투자해야 한다.

## 투자에서 말하는 위험이란?

투자란 위험을 감수하고 위험 감수의 보상으로 더 높은 수익을 추구하는 행위다. 수익의 기준은 보통 은행의 예금 이자를 기준으로 한다. 은행 예금은 '무위험' 투자 자산으로 분류된다. 위험하지 않다는 건 투자금(원금)과 수익금(이자)을 받을 확률이 100%에 가깝다는 얘기다. 엄밀하게 말하면 은행도 파산할 수 있고 국가도 부도 날 수 있다. 다만 그럴 확률이 아주 낮고, 예금자보호법 같은 장치를 통해서 어느 정도 보전되기 때문에 그렇게 분류한다.

'예금만 하면 되지 위험까지 감수하면서 투자해서 수익률을 높여야 하는 것인가?' 하는 질문이 나오는 건 당연하다. 위험을 피하고 싶은 것은 당연한 심리다. 그럼에도 위험을 감수하고 투자해야 한다는데 위험은 무엇인가?

투자에서의 위험은 '손실 가능성'과 '불확실성' 두 가지로 나눌 수 있다.

첫 번째 위험은 돈을 잃을 가능성을 말한다. 손실이 난다는 말이다. 수익을 얻고자 하는 게임에서의 위험이란 돈을 잃는 것이라는 게 직관적으로도 이해가 간다. 문제는 투자를 하지 않았는데도 돈을 잃고 있다는 것이다. 투자를 하지 않았는데도 돈을 잃고 있다는 게 무슨 소린가? 많은 사람이 눈치 채지 못하고 있는, 가만히 있는데도 돈을 잃고 있는 이유는 인플레이션 때문이다.

인플레이션은 다른 말로 물가상승률이다. 물가가 상승한다는 말은 돈 가치가 하락한다는 뜻이다. 마트에서 만 원으로 살 수 있는 것이 시간이 지날수록 더 적어진다는 것이다. 같은 물건을 사기 위해 더 많은 돈을 지불해야 한다는 말이기도 하다. 우리는 물가상승률이라는 말이

더 익숙하지만 이제는 인플레이션이라는 단어에도 익숙해지자. 온갖 신문과 뉴스에서 이 단어를 사용하니까 말이다.

1996년부터 2022년까지 우리나라의 정기예금 이자율 자료를 조사했다. 조사 기간 동안의 이자소득세가 변화한 부분을 반영해 세후실질수익을 계산했다.

세금(이자소득세)을 낸 뒤의 수익률인 세후실질수익률도 1990년대 후반에는 4~8%로 꽤 높았다. 예금으로도 내 재산이 불어났던 시절이었다. IMF 외환위기로 1998년도에는 인플레이션과 이자율이 급격히 떨어지고 이자소득세도 올라가면서 세후실질수익률이 떨어졌지만 2%는 됐었다. 세후실질수익률이 마이너스인 기간이 종종 보인다. 2008년, 2011년, 2015~2017년, 그리고 2021년 2분기부터 2022년 말까지 지속되고 있다.

세후실질수익률은 경제 환경과 관계가 높아 보인다. 2008년에는 글로벌 금융위기로 전 세계 주가가 반 토막 넘게 하락했다. 2011년은 남유럽 국가들이 신용 위기를 겪으며 세계 경제가 출렁거렸다. 코로나 대유행으로 인한 경제 상황 악화를 개선하기 위해 각국 정부가 시중에 쏟아낸 유동성과 러시아-우크라이나 전쟁의 여파로 2021년부터 전세계 물가상승률이 수십 년 만에 최고치를 경신했다. 그로 인해 예금의 실질수익률은 과거 어느 때보다도 처참하게 낮다.

2022년 3분기 예금의 세후실질수익률은 조사 기간 중 가장 낮은 마이너스 3.46%였다. 2021년 3분기에 1,000만 원을 예금한 김씨의 통장에 찍힌 금리는 1.20%였다. 2022년 3분기에 예금이 만기되어 통장을 확인해본 김씨는 10만 1,520원을 이자로 받았다는 것을 알았다.

통장에 찍힌 금리인 1.20%에서 15.4%의 세금을 빼고 난 1.0152%
금리를 준 것이다. 문제는 같은 기간에 물가가 4.78% 올랐다는 것이
다. 1년 전 1,000만 원짜리가 2022년 3분기에는 1,047만 8천 원이
됐다는 말이다. 예금으로 이자를 받아도 실제로는 손해가 난다는 것이
다. 이런 시기를 '실질금리 마이너스 시대'라고 한다.

　우리는 현재 실질금리 마이너스 시대를 살고 있다. 2022년 4분기
예금금리는 4.71%(세후 3.98%)로 2008년 이후 가장 높았다. 5%가 넘
는 예금도 등장하며 주식과 부동산 하락으로 투자에 등을 돌린 많은
이들의 선택을 받았다. 이들의 실질금리는 올해 말까지의 물가 추이가
결정할 것인데 그리 희망적으로 보이지는 않는다.

그림 5 ● 정기예금 세후실질수익률 추이(1996년 1분기~2022 4분기)

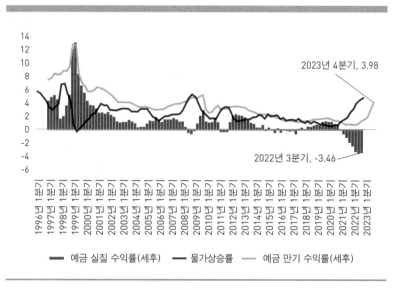

출처:한국은행

실질금리 마이너스란 금리가 물가상승률을 따라가지 못한다는 말이다. 금리만으로는 애써 모은 돈의 가치를 지킬 수가 없다. 돈을 지키려면 투자를 해서 수익률을 올려야 한다. 최소한 물가상승률만큼은 올려야 한다. 특히나 연금과 같이 수십 년 뒤 은퇴 이후를 준비할 경우 물가상승률 이상의 수익률을 내야 하는 것은 너무 중요한 이야기다. 내 연금이 노후의 생활을 책임져 주어야 하기 때문이다.

두 번째 위험은 '불확실성'이다. 어떻게 될지 알 수 없다는 말이다. 오를지 떨어질지 모른다는 것이다. 다른 말로 '변동성'이라고도 한다.

**최근 입사에 성공한 신입사원 강씨는 여자친구와 1주년 여행을 계획하고 있다. 제주도 여행을 목표로 매월 10만 원씩 모으기로 했는데 어디에 저축할지 고민이다. 은행에 다니는 사촌 형은 적금에 들라고 하고, 증권사 다니는 선배는 주식에 투자하라고 한다. 자기가 주식을 추천해주겠다고 한다. 강씨는 고민이다. 주식 투자가 대박이면 해외로 갈 수도 있겠지만 쪽박이면 제주도도 못 갈 것이기 때문이다.**

[그림6]은 세 가지 자산의 투자 결과를 비교한 것이다. 세 경우 모두 1월에 100만 원 투자해서 12월에 110만 원을 찾았다. 수익은 10만 원이고 수익률은 10%이다. 세 경우 모두 수익률은 같으나 각각의 변동성은 다르다.

그림에서 보듯이 변동성이란 위아래로 출렁거리는 것을 말한다. A 자산은 출렁거림이 전혀 없다. 이런 경우를 무위험 수익률이라고 하고,

무위험 자산이라고 부른다. B자산은 조금 출렁거리므로 저위험 자산이라고 부른다. C자산이 가장 많이 출렁거린다. 이런 경우 고위험 자산, 고위험 수익률이라 부른다. 그림만 봐도 C자산은 보는 이를 불안하게 한다.

높은 변동성은 심리적 불안감을 야기한다. 투자 결과를 알고 있는 우리는 누구나 A자산에 투자할 것이다. 같은 수익이라면 안심하고 투자하는 게 좋지 않겠는가. 하지만 현재 우리가 투자 중이고 2월이라고 해보자. 2월에 A자산의 수익은 1%도 안 되지만 B자산은 2%, C자산은 4% 올랐다. 2월에 판단하기로는 C자산이 제일 좋아 보인다. 그렇지 않은가?

변동성을 숫자로 표현하여 자세히 살펴보자. 숫자로 표현하는 변동성의 종류 중 가장 널리 쓰이는 것이 '표준편차'다. '표준'인 평균에서 얼마나 떨어져 있는지 그 '편차'를 표시한 것이다. 얼마나 많이 출렁거

**그림 6 ● 세 가지 변동성**

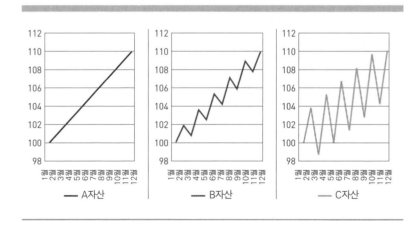

표 4 ● 자산별 연간 수익률 변화

| 자산 | 변동성 | 시작 | 1년 후 | 2년 후 | 3년 후 | 4년 후 | 5년 후 | 6년 후 | 7년 후 | 8년 후 | 9년 후 | 10년 후 |
|------|--------|------|--------|--------|--------|--------|--------|--------|--------|--------|--------|---------|
| A | 0% | 0 | 10% | 10% | 10% | 10% | 10% | 10% | 10% | 10% | 10% | 10% |
| B | 25% | 0 | 35% | -15% | 35% | -15% | 35% | -15% | 35% | -15% | 35% | -15% |
| C | 50% | 0 | 60% | -40% | 60% | -40% | 60% | -40% | 60% | -40% | 60% | -40% |

리는지를 수치로 표현한 것인데 평균 수익률에서 멀어지는 정도를 말한다.(표준편차라는 단어보다 변동성이라는 단어가 익숙하니 표준편차를 변동성이라 표현하겠다)

세 가지 변동성을 가진 자산의 움직임을 통해 비교해보자. 기대수익률은 10%라고 하자. 기대수익률이란 매년 이 정도 수익률을 기대한다는 뜻이다.(설명의 편의를 위해 진짜로 그렇게 수익이 발생했다고 하겠다) 각각의 변동성을 0%, 25%, 50%라고 하자.(변동성 역시 미래에 발생할 것을 예상하는 것인데 실제로 그렇게 발생했다고 치자) 투자자의 기대수익률보다 더 높은 수익률을 보이는 변동성을 양의 변동성이라 하고 그 반대를 음의 변동성이라 하자. 양의 변동성과 음의 변동성의 발생은 가장 단순하지만 제일 공평한 확률인 '반반'으로 하고, 홀수 해는 양의 변동성, 짝수

표 5 ● 세 자산의 10 년 투자 결과

| 자산 | 변동성 | 시작 | 1년 후 | 2년 후 | 3년 후 | 4년 후 | 5년 후 | 6년 후 | 7년 후 | 8년 후 | 9년 후 | 10년 후 |
|------|--------|------|--------|--------|--------|--------|--------|--------|--------|--------|--------|---------|
| A | 0% | 100 | 110 | 121 | 133 | 146 | 161 | 177 | 195 | 214 | 236 | 259 |
| B | 25% | 100 | 135 | 115 | 155 | 132 | 178 | 151 | 204 | 173 | 234 | 199 |
| C | 50% | 100 | 160 | 96 | 154 | 92 | 147 | 88 | 142 | 85 | 136 | 82 |

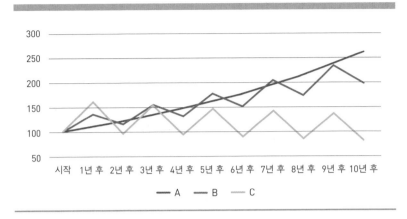

그림 7 ● 세 자산의 10년 투자 결과

해는 음의 변동성이 발생한다고 하면 다음의 결과가 나온다.(계산의 편리를 위해 모든 기간은 1년으로 한다. 상승과 하락의 순서는 결과에 영향을 미치지 않는다)

[표4]는 매년 수익률이 어떻게 달라지는지 보여준다. A자산의 수익률은 변동성이 0이니 매년 10%로 변하지 않는다. B와 C 자산은 각각의 변동성만큼 수익률이 매년 달라진다. 1년 후를 보면 C의 수익률은 기대수익률 10%에 양의 변동성 50%를 더해 60%이다. 엄청난 수익률이다. 멋지다. 하지만 다음해에는 음의 변동성이 나타났다. 기대수익률 10%에 음의 변동성 50%를 빼니 마이너스 40%의 수익률이다.

[표5]는 각각의 수익률이 발생했을 경우 원금 100만 원에 대한 10년치 투자 결과다. 숫자가 많아 복잡할 수 있다. 같은 내용을 그린 [그림7]이 좀 더 직관적으로 이해된다.

A는 변동성이 0%이므로 꾸준히 10%의 수익이 난다. 그래프 A를

그림 8 ● 세 자산의 30년 투자 결과

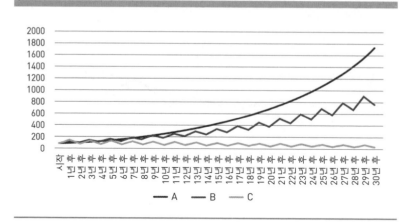

자세히 보면 시간이 지날수록 기울기가 휘어져서 올라감을 알 수 있다. 이는 자산의 가격 상승이 더욱 가파르게 올라간다는 것이다. 수익이 재투자되면서 복리 효과가 나타나기 때문이다. B는 수익이 나긴 하지만 A보다 적다. 25%라는 변동성이 B의 수익을 떨어뜨린 것이다. C의 경우 1년 후의 수익은 가장 크지만 10년 후의 결과는 처참하다. 원금도 지키지 못하고 마이너스가 발생했다. 모두 동일한 평균 수익률이었는데 변동성이라는 녀석이 이런 다른 결과를 만들어낸 것이다.

이 세 자산을 30년 동안 투자했을 때의 결과는 [그림8]과 같다.

A는 원금 100만 원에서 1,745만 원으로 불었다. B는 그래도 C보다 낫다. 30년 뒤 788만 원으로 불어났다. C는 손실이 발생했다. 최종 54만 원으로 원금을 절반 정도 잃었다.

변동성의 의미를 이해했으리라 생각한다. 변동성은 무시할 것이 아니다. 우리의 장기 투자 결과에 심각한 차이를 발생시킨다. 우리 돈을

표 6 ● 변동성과 수익률 차이의 투자 성과 추이

| 자산 | 변동성 | 평균<br>수익률 | 시작 | 1년<br>후 | 2년<br>후 | 3년<br>후 | 4년<br>후 | 5년<br>후 | 6년<br>후 | 7년<br>후 | 8년<br>후 | 9년<br>후 | 10년<br>후 |
|---|---|---|---|---|---|---|---|---|---|---|---|---|---|
| A | 10% | 5% | 100 | 115 | 109 | 126 | 119 | 137 | 130 | 150 | 142 | 164 | 156 |
| B | 20% | 10% | 100 | 130 | 117 | 152 | 137 | 178 | 160 | 208 | 187 | 244 | 219 |
| C | 30% | 15% | 100 | 145 | 123 | 179 | 152 | 220 | 187 | 271 | 231 | 335 | 284 |

불려줄 수도 잃게 할 수도 있는 것이다. 물론 이 간단한 실험은 말 그 대로 변동성의 의미를 설명하기 위한 것이었다. A자산은 무위험 자산 이다. 보통 은행 예금에 빗대어 표현된다.(물론 요즘 10%짜리 이자를 주는 예금은 없다) C자산처럼 고위험 자산의 기대수익률이 10%라면 아무도 투자하지 않을 것이다. 그런데 많은 투자자가 본인이 투자하는 상품이 나 자산의 기대수익률과 변동성을 모르는 경우가 많다.

이번에는 좀 더 현실적으로 세 자산을 가정해보자. 세 자산의 변동 성이 다른 만큼 기대수익률도 다르다고 하자. 변동성이 크면 기대수익 률도 높게 하는 것이다. 변동성은 기대수익률의 2배라고 하면 [표6]의 결과가 나온다.

[그림9]를 보면 좀 더 그럴 듯한 그래프가 나온 것을 알 수 있다. A 자산은 변동성이 작고 기대수익률도 낮다. 10년 뒤 156만 원이 되었 다. C자산은 변동성이 크지만 수익도 많이 발생했다. 284만 원의 수익 을 보여주었다. A보다 훨씬 큰 수익이다. 그렇다면 이 경우 C가 가장 투자하기 좋은 자산인가? 수익은 높고 변동성이 작은 상품을 원하는 게 기본적인 심리다. 변동성과 수익률을 모아서 살펴볼 수 있는 방법 은 없을까? 다행히 1990년 노벨상을 받은 윌리엄 샤프라는 학자가 만

그림 9 ● 변동성과 수익률 차이의 투자 성과 추이

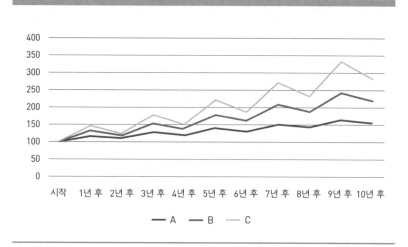

든 방법이 있다. 그의 이름을 따서 '샤프비율'이라고 한다. 간단한 계산 방법은 수익률을 변동성으로 나누면 된다.(원래 계산 방식은 수익률에서 무위험 수익률을 뺀 다음 변동성으로 나눈다)

샤프비율을 계산하면 [표7]과 같다. 위험을 감안한 수익률을 기준으로 본다면 샤프비율이 가장 높은 A자산이 더 좋은 투자 대상이 된다. 결국 투자자의 위험 선호 성향에 따라 선택이 달라질 수 있는 것이다.

표 7 ● 위험 대비 수익 (샤프비율 ) 계산

| 자산 | 최종 수익금 | 연환산 수익률 | 연환산 변동성 (표준편차) | 샤프비율 |
|---|---|---|---|---|
| A | 156 | 4.50% | 10% | 0.45 |
| B | 219 | 8.20% | 20% | 0.41 |
| C | 284 | 11.00% | 30% | 0.37 |

그림10 ● 변동성과 수익률 차이의 투자 성과 추이

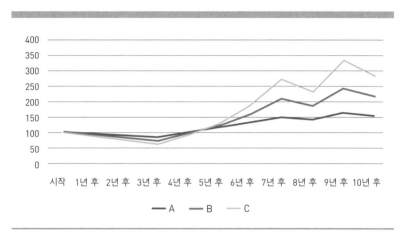

앞의 투자 자산의 수익률은 매해 플러스와 마이너스가 번갈아 발생했다. 이번에는 수익률이 다소 다르게 움직였을 때를 생각해보자. 나머지 조건은 동일하고 오르고 내린 순서만 살짝 바꿔보자. 첫 3년 동안은 세 자산 모두 하락(음의 변동성)했고, 다음 3년간 상승(양의 변동성)했다고 치면 [그림10]과 같은 결과가 나온다.

앞의 투자와 동일한 배경과 확률을 가정했다. 다만 손실과 수익이 나는 해의 순서만 일부 섞었을 뿐이다. 최종 잔고는 동일하다.

하지만 우리가 투자한 지 3년째라고 해보자. 3년 동안 손실이 나서 원금 대비 40%나 떨어진 C자산에 계속 투자할 수 있을까? 지금 우리는 전지적 신의 입장에서 10년 후를 보고 있으니 그래도 C에 투자하겠다고 할 수 있다. 하지만 지상의 인간들은 미처 견디지 못하고 손실이 난 상태로 C자산을 팔아버릴 가능성도 많다. 가까운 예로 2008년 금융위기 때 코스피 지수가 불과 1년 만에 50% 하락했었다. 많은 투자자가 견디지 못하고 주식시장에서 빠져나갔다. 코스피는 2년 뒤 100% 상승했고, 지수는 전고점 수준을 회복했다. 참을 수 있었더라면 보상을 받았겠지만 결코 쉽지 않은 일이다.

## 연금은 왜 자산배분 투자가 필요한가?

퇴직연금은 근로자가 퇴직한 뒤에도 안정된 생활을 유지할 수 있도록 도입된 퇴직금의 한 형태다. 근로자가 이직하거나 퇴직할 때 받은 퇴직금을 IRP 계좌에 적립하거나 자신의 돈을 추가 납입해 운영하다가 55세 이후에 연금이나 일시금으로 받는 연금 상품이다. 연금저축 역시 부족한 노후 자금을 개인이 직접 적립하게 하여 은퇴 후 노후 생활의 안정을 도모하도록 도입되었다.

연금저축이나 IRP와 같은 개인연금의 핵심은 '세액공제'다. 또한 적립금 운용 수익에 대한 세금(15.4%)을 즉시 내지 않고 연금을 수령할 때 훨씬 낮은 세율(3.3~5.5%)로 낼 수 있다. 이런 과세이연과 저율과세 혜택을 정부에서 제공하는 이유는 근로자 스스로 노후 대비를 할 수 있도록 유인하기 위한 것이다. 그렇다면 의문이 든다. 연금 계좌의 운용을 자산배분 투자로 해야 하는 이유는 무엇얼까?

자산배분 투자법 이외에도 다양한 투자 방법이 있다. 가치투자, 모멘텀투자, 기본적분석, 기술적분석 등 다양하다. 이런 투자법은 대부분 주식에 투자하기 위한 방법론으로 주식시장의 변동성에 노출되어 있다고 봐야 한다. 주식시장은 거품과 폭락을 반복한다. 문제는 내가 은퇴하는 시점, 연금을 수령하고 싶은 시점에 주식시장이 폭락할 수 있다는 것이다.

2008년 금융위기 때 한국 주식이나 미국 주식 모두 50% 하락했다. 한국 주식(코스피200)이나 미국 주식S&P500에 연금을 넣어두었다면 수령할 수 있는 연금이 50%로 줄어들었을 것이다. 노후 계획에 차질이 생길 수밖에 없다.

노후 대비 자산은 무엇보다 안정성이 중요하다. 그렇다고 예금만 한다면 물가상승률을 따라잡기도 벅차다. 투자수익률을 높여야 하는데, 이런 행위가 주식시장의 높은 변동성이라는 위험을 담보로 한다면 어려운 문제가 된다. 하지만 자산배분 투자를 통해 포트폴리오의 변동성

그림 11 ● K-올웨더 자산배분 포트폴리오의 누적 성과[1999.12 - 2023.3]

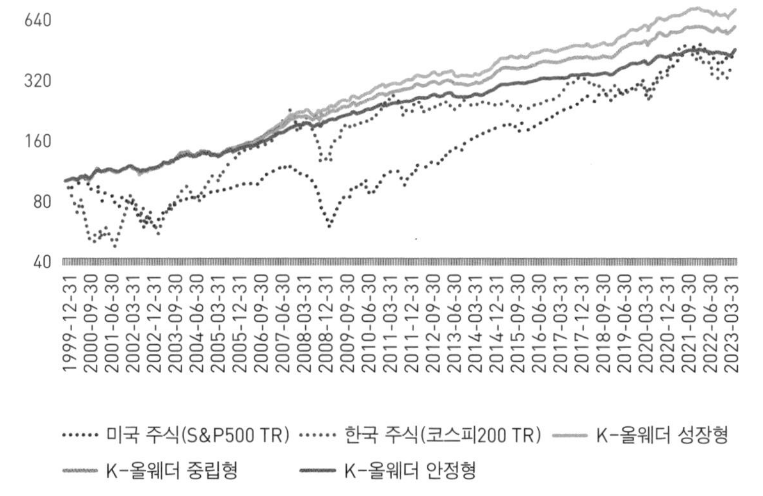

········ 미국 주식(S&P500 TR)  ········ 한국 주식(코스피200 TR)  ── K-올웨더 성장형
── K-올웨더 중립형  ── K-올웨더 안정형

을 낮추고 적절한 수익을 추구한다면 괜찮은 대안이 될 수 있다.

[그림11]은 이 책에서 제시하는 연금저축펀드용 자산배분 포트폴리오인 K-올웨더를 이용한 백테스트 결과다. 연금 계좌에 쌓인 자금을 사용할 시기에 하필 2008년이나 2018년, 2022년 같은 하락장이 발생할 수도 있다. 이럴 때 한국이든 미국이든 주식에만 투자한 이들은 하락을 고스란히 감당할 수밖에 없다. 하지만 여러 가지 자산으로 배분하여 투자한 포트폴리오는 이런 하락기에도 크게 빠지지 않으며, 장기 수익률 역시 주식 수익률에 버금간다. 자산배분은 이렇게 포트폴리오의 변동성은 낮추면서 적절한 수익을 만들어준다.

인생은 결코 이론이나 계획대로 흘러가지 않는다. 어떤 투자가 위험에 노출될지 알 수 없다. 일부 투자 대상에 너무 많은 자금을 투자하는 건 매우 위험하다. 은퇴 자금 계획이나 투자의 본질은 미래의 불확실성을 줄이는 데서 시작해야 한다. 그런 이유로 나 역시 자산배분 투자를 하고 있고 여러분에게도 알려드리는 것이다.

# 03.

## 절세
## 삼총사를
## 이해하자

고령화, 저출산의 급속한 진행으로 은퇴 후의 생활은 과거 여느 때보다 장기화되어 가고 있다. 반면 노년층을 부양할 수 있는 젊은 세대는 감소하고 있어 노후의 삶을 위한 체계적이고 종합적인 준비가 필요하다. 우리나라는 65세 이상 인구 비율이 2000년에 7.2%에 이르러 이미 '고령화사회'에 들어섰으며, 2017년 8월 말 65세 이상 주민등록 인구가 14%를 넘어 '고령사회'에 진입했다. 통계청에 따르면 2026년에는 그 비율이 20.8%가 되어 '초고령사회'에 도달할 것으로 전망한다. 최근 10년간(2011~2020년) 한국의 고령화 속도(4.4%)는 경제협력개발기구OECD 평균(2.6%)의 약 2배로 가장 빠르다.

OECD의 2018년 노인빈곤율 조사 결과 한국은 43.4%로 전체 1

그림 12 ● 노후 보장을 위한 3층 보장제도

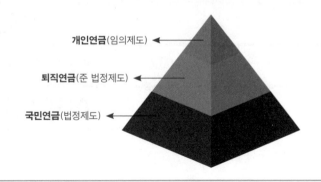

개인연금(임의제도)

퇴직연금(준 법정제도)

국민연금(법정제도)

출처 : 금융감독원

위라는 오명을 이어갔다. OECD 평균(15.8%)의 약 3배 수준으로 G5 국가인 미국(23.1%), 일본(19.6%), 영국(14.9%), 독일(10.2%), 프랑스 (4.1%)와 비교해 압도적으로 높다. 확률적으로 봤을 때 한국에 살고 있는 나의 노후 역시 빈곤할 가능성이 높다.

우리나라는 노후 보장을 위한 3층 보장제도를 운영하고 있다.

국민연금은 의무적으로 납부해야 하며 정부가 지급을 보증한다. 문제는 국민연금이 재정 악화로 보험료 인상과 지급 시기를 연기할 수 있다는 것이다. 보건복지부 국민연금 재정추계전문위원회(재정추위)는 2023년 1월 5차 국민연금 재정추계 시산 결과(2023-2093)를 발표했다. 발표 내용을 보면 현행 국민연금 제도를 유지할 경우 오는 2041년부터 수입보다 지출이 더 많아지는 수지 적자가 발생해 2055년이면 기금이 소진될 것으로 예측된다. 2055년에 65세가 되는 1990년생들이 국민연금을 받지 못한다는 뉴스가 나온 근거가 바로 이 데이터이다.

소득대체율은 국민연금 가입자의 생애 전 기간 평균 소득 대비 국민연금 수령액의 비중을 말한다. '연금급여율'이라고도 한다. 소득대체율 50%는 국민연금 가입 기간(40년 기준) 월 평균 소득이 100만 원이라면 은퇴 후 월 50만 원을 연금으로 받는다는 뜻이다. 소득대체율은 국민연금을 도입한 1988년부터 꾸준히 낮아졌다. 1988년에는 가입 기간 40년 기준 70%였다가 1998년 1차 연금 개편에서 60%로 떨어졌다. 2007년 2차 연금 개편 결과 60%에서 매년 0.5%포인트씩 낮아져 2028년까지 단계적으로 40%까지 하락하게 되어 있다.

2023년 현재 소득대체율은 42.5%이다. 월 평균 100만 원을 벌던 국민연금 가입자가 40년간 보험료를 냈을 경우 앞선 세대는 연금으로 월 70만을 받고 1차 개편 이후 세대는 60만 원을, 2차 개편 이후 세대는 점점 더 낮은 연금을 받는다. 이런 상황에서 국민연금만을 믿고 있을 수는 없다. 2022년부터 정부는 국민연금 등 공적 연금을 개혁하겠다고 준비하고 있는데 대체로 '더 내고, 덜 받고, 늦게 받는' 형태로 진행될 것으로 예상된다. 다시 한 번 강조하지만 국민연금만 믿고 있으면 안 된다.

근로소득이 있는 경우 퇴직연금(DB/DC형)에 가입된다. 하지만 이 역시 모든 사업자가 동일하지 않으며 운용 방법에 관여하기도 어렵다. 자영업자의 경우 가입이 안 되는 문제도 있다.(자영업자는 IRP형 가입 가능)

정부는 노후 대비 문제를 개선하기 위해 퇴직연금 제도와 개인연금 제도를 통해 국민 스스로 은퇴 자금을 마련할 방법을 제공하고 있다. 이런 제도의 특징은 세액공제와 과세이연, 저율과세 등의 혜택이다. ETF 상품을 이용해 스스로 직접 운용할 수 있도록 되어 있다는 점 역시 매우 큰 장점이다. 이 책에서는 개인이 직접 운용할 수 있는 상품인 IRP와 연금저축펀드를 중점적으로 다룬다.

## 개인연금: 연금저축

정부가 혜택을 제공하는 개인연금 제도로 연금저축*이 있다. 연금저축의 핵심은 '세액공제'에 있다. 세액공제란 과세소득 금액에 세율을 적용하여 산출된 세액에서 세법에 규정한 일정액을 공제하여 납부할 세액을 산정하는 제도를 말한다. 연금저축 가입자는 연금저축에 납입한 금액에서 최대 600만 원의 세액공제 혜택을 받을 수 있다.

또한 연금저축 가입자는 적립금을 운용해 얻은 이자나 배당에 대한 세금을 소득이 발생하는 즉시 내는 게 아니라 나중에 연금을 수령할 때 납부한다. 이렇게 세금을 내지 않고 자금을 장기간 운용하면 그만큼 복리 효과가 커진다. 불어난 운용 수익은 나중에 연금을 수령할 때 연금소득세를 납부하면 되는데 세율이 아주 낮다. 현재 이자나 배당과 같은 금융소득의 원천징수세율은 15.4%인 데 반해 연금소득의 세율

* 과거 판매되었던 '개인연금저축'이라는 상품과는 다르다. 개인연금저축은 1994년부터 2000년까지 판매했는데 연 72만 원 한도로 불입액의 40%를 소득공제했으며, 연금 수령 시에 비과세 혜택이 있었다. 다양한 자료에서 '개인연금', '연금저축', '개인연금저축'이라는 용어를 혼용하고 있으나 개인연금 제도의 일환으로 '연금저축'이 현재 판매되고 있다.

**표 8 ● 연금저축 세액공제 내역**

| 총 급여액<br>(종합소득 금액) | 세액공제 대상<br>연금저축 납입 한도 | 세액공제율 | 연말정산 공제액 |
|---|---|---|---|
| 5,500만 원 이하<br>(4,500만 원) | 600만 원 | 16.5% | 99만 원 |
| 5,500만 원 초과<br>(4,500만 원) | | 13.2% | 79.2만 원 |

은 3.3~5.5%에 불과하다. 연금저축은 가입 연령에 별다른 제한을 두지 않기 때문에 이런 과세이연과 저율과세 혜택을 주는 연금저축은 가입자가 잘만 활용하면 '평생 절세 통장'으로 이용할 수도 있다.

납입 한도는 연 1,800만 원으로 600만 원까지 연말정산 시에 세액공제를 해준다. 600만 원을 초과하는 추가 납입분은 세액공제 혜택은 없으나 과세이연 및 저율과세 혜택을 받을 수 있으며, 중도에 불이익 없이 언제든지 찾아 쓸 수 있다.(IRP와 동시에 운영하는 방법은 다음 장에서 안내한다)

세액공제는 총 급여액에 따라 [표8]과 같이 차이가 있다.

연금 수령은 최소 5년 이상 납입해야 하고, 55세부터 10년 이상 연금으로 수령해야 연금소득으로 과세(3.3~5.5%)된다. 이 조건을 만족하지 못하고 중도인출할 경우 기타소득세(16.5%)가 부과된다.(연금 수령 방법은 책의 후반부에 다룬다)

연금저축은 금융권역별로 연금저축신탁, 연금저축펀드, 연금저축보험으로 구분된다. 상품 유형마다 납입 방식, 적용 금리, 연금 수령 방식, 원금 보장 및 예금자 보호 여부에 조금씩 차이가 있다.

## 표 9 ● 금융권역별 판매 상품 [출처:금융감독원]

| 구분 | 은행 | 자산운용사 | 보험 |
|---|---|---|---|
| 상품 구분 | 연금저축신탁 | 연금저축펀드 | 연금저축보험 |
| 주요 판매사 | 은행 | 증권사, 은행, 보험사 | 증권사, 은행, 보험사 |
| 납입 방식 | 자유적립식 | 자유적립식 | 정기 납입 |
| 적용 금리 | 실적 배당 | 실적 배당 | 공시이율 |
| 연금 수령 방식 | 확정기간형 | 확정기간형 | 확정기간형, 종신형(생보만) |
| 원금 보장 | 비보장 | 비보장 | 보장 |
| 예금자보호 | 보호 | 비보호 | 보호 |

이 책에서는 증권사에서 가입하는 연금저축펀드만 다룬다. 이유는 ETF를 직접 운용하기 좋고, 타 금융사 대비 비용이나 수수료가 저렴하기 때문이다.

### 연금저축 중도인출 요건

IRP는 법에서 정한 제한적인 사유인 경우에만 중도인출이 가능하지만, 연금저축은 제약 없이 중도인출이 가능하다. 일반적으로 연금 계좌를 중도인출할 때는 세액공제를 받았던 납입금과 운용 수익에 기타소득세(16.5%)가 부과되나, 소득세법에서 정한 '부득이한 인출'은 저율의 연금소득세(3.3~5.5%)가 부과된다.

부득이한 사유로는 천재지변, 가입자의 사망, 가입자의 해외이주, 가입자 또는 가입자의 부양가족이 질병이나 부상에 따라 3개월 이상의 요양이 필요한 경우와 가입자의 파산 선고 또는 개인회생절차 개시 결정, 금융회사의 영업 정지·인허가 취소·해산 결의·파산 선고 등이 있다.

중도인출은 가급적 하지 않는 것이 좋다. 연금 인출 전에 필요한 자금이 있을 경우 연금저축의 담보대출 기능을 활용하는 것도 방법이다.

## ▌퇴직연금:
## ▌IRP

IRPIndividual Retirement Pension(개인형퇴직연금)는 취업자가 재직 중에 자율로 가입하거나 퇴직 시에 받은 퇴직급여 일시금을 계속해서 적립, 운용할 수 있는 퇴직연금 제도다. 가입 대상은 2017년 7월 26일부터 소득이 있는 모든 근로자(직역연금 가입자 포함)가 가입할 수 있다. 특히 자영업자의 가입이 가능해져 다양한 혜택을 볼 수 있게 됐다.

IRP는 가입자의 소득 수준과는 상관없이 최대 900만 원까지 종합소득세 신고 때 세액공제를 받을 수 있으며, 연간 1,800만 원까지 납입 가능하다. 운용 기간에는 운용 수익에 과세가 미뤄지는 과세이연 혜택이 제공되며, 퇴직급여 수령 시에 연금 또는 일시금으로 수령할 수 있다.

표10 ● IRP 세액공제 내역

| 총 급여액<br>(종합소득 금액) | 세액공제 대상 납입 한도<br>(연금저축 납입 한도) | 세액공제율 | 연말정산 공제액<br>(연금저축 공제액) |
|---|---|---|---|
| 5,500만 원 이하<br>(4,500만 원) | 900만 원<br>(600만 원) | 16.5% | 148.5만 원<br>(99만 원) |
| 5,500만 원 초과<br>(4,500만 원) | | 13.2% | 118.8만 원<br>(79.2만 원) |

그림13 ● 개인형퇴직연금 개념

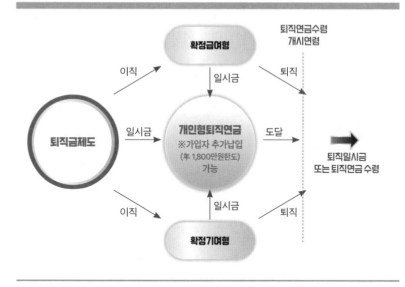

출처 : 금융감독원

연금저축에 가입한 경우는 연금저축(최대 600만 원 한도)을 합산하여 총 900만 원의 세액이 공제된다. 연금 형태로 수령할 경우 퇴직급여 에는 퇴직소득세의 70%를 납부하기 때문에 30%의 절세 효과가 있으 며, 세액공제을 받은 개인 부담금 및 운용 수익은 저율의 연금소득세 (3.3~5.5%)를 납부해 세금 면에서 효율적이다. 연금저축과 IRP 두 계좌 를 동시에 이용해 절세하는 방법은 다음 장에서 다룬다.

세액공제 금액은 총 급여액에 따라 [표10]의 차이가 있다.

안타깝게도 퇴직금을 IRP로 받아서 연금 수령 시까지 관리하는 사 람은 극소수에 불과하다. 2017년도 말의 퇴직연금 통계에 따르면, 55 세 이상이 되어 연금을 수령할 때 정작 연금 형태로 받기로 한 계좌는 전체의 1.9%에 불과했다. 98.1%는 일시금으로 받아갔다는 말이다. 중간 정산이나 잦은 이직으로 노후 생활에 연금으로 쓸 정도로 퇴직금이 충분하지 않은 이유도 있지만, 정부가 고령사회를 대비해 마련한 IRP의 강력한 세제 혜택을 전혀 모르는 사람이 많은 것도 큰 이유다. 이 책을 통해 IRP 계좌의 장점을 잘 이해하고 이용하기 바란다.

### IRP 중도인출 요건

연금저축은 제약 없이 중도인출이 가능하지만, IRP는 법에서 정한 제한적인 사유인 경우에만 중도인출이 가능하다. 중도인출이 가능한 예외 사유는 다음과 같다.(근거 법령: 근로자퇴직급여보장법 시행령 제2조 및 제14조)

1. 무주택자인 가입자가 본인 명의로 주택을 구입하는 경우
2. 무주택자인 가입자가 주거를 목적으로 '민법' 제303조에 따른 전세금 또는 '주택임대차보호법' 제3조의 2에 따른 보증금을 부담하는 경우(이 경우 가입자가 하나의 사업 또는 사업장 -이하 '사업'이라 한다-에 근로하는 동안 1회로 한정한다)
3. 6개월 이상 요양을 필요로 하는 사람의 질병이나 부상에 대한 요양 비용을 가입자가 부담하는 경우(단 가입자 본인, 가입자의 배우자, 가입자 또는 그 배우자의 부양가족인 경우만 가능)
4. 중도인출을 신청한 날부터 역산하여 5년 이내에 가입자가 '채무자 회생 및 파산에 관한 법률'에 따라 파산 선고를 받은 경우
5. 중도인출을 신청한 날부터 역산하여 5년 이내에 가입자가 '채무

자 회생 및 파산에 관한 법률'에 따라 개인회생 절차 개시 결정을
받은 경우

6. 그 밖에 천재지변 등으로 피해를 입는 등 고용노동부 장관이 정하
여 고시하는 사유와 요건에 해당하는 경우

## 모두를 위한 절세통장: ISA

ISA란 '개인종합자산관리계좌'Indivisual Saving Account로 저금리, 저성장
시대에 개인의 종합적 자산 관리를 통한 재산 형성을 지원하려는 취지
로 도입한 절세 계좌를 말한다. 한 계좌에서 다양한 금융 상품을 담아
운용할 수 있다.(편입 금융 상품: 펀드, 파생결합증권, 예적금 등) 일정 기간
경과 후 여러 금융 상품 운용 결과로 발생한 이익과 손실을 통산한 다
음 순이익을 기준으로 세제 혜택을 부여하는 특징이 있다.

ISA의 주요 내용으로 가입 조건은 19세 이상 거주자(근로소득자는 15
세 이상 가능)면 가입이 가능하다. 단 직전 3개년 동안 금융소득종합과
세 대상이 아니어야 한다. 서민형은 직전 연도 총 급여 5천만 원 또는
종합소득 3천 8백만 원 이하여야 하고, 농어민형은 직전 연도 종합소
득 3천 8백만 원 이하로 농어민이어야 한다.

납입 한도는 연간 2천만 원이나 올해 사용하지 않은 한도는 내년으
로 이월되며 최대 1억 원까지 납입이 가능하다. 단 1인 1계좌만 개설
가능하고, 총 납입 한도는 소득공제장기펀드 및 재형저축 납입액과 합

산된다. 의무 가입 기간은 3년으로 중장기 투자에 매우 좋다.

세제 혜택이 가장 큰 장점이다. 먼저 계좌 내 상품 간, 기간 간 손익 통산 후 순소득에 대해 200만 원까지 비과세이며, 200만 원 초과 금액은 9.9%의 낮은 세율로 분리과세한다. 서민형과 농어민형일 경우 비과세 한도는 400만 원으로 늘어난다.

'손익통산'이란 손해 난 상품과 이익이 발생한 상품을 같이 보고 전체적으로 순소득이 있는지 계산한다는 말이다. 일반 계좌의 경우 손해 난 펀드가 있더라도 감안해주지 않고 수익이 발생한 펀드를 대상으로 과세하는 것과 달리 전체적인 순소득을 따져주겠다는 것이다.

손익통산에 대해 홍길동의 사례를 통해 살펴보자. 홍길동이 보유 중인 미국 주식 ETF A는 수익이 500만 원, 원자재 ETF B는 손실이 200만 원으로 두 상품 모두 매도한다고 가정하자. 일반 계좌였다면 B상품의 손실과 상관없이 A상품의 수익에 과세(15.4%)하여 77만 원(500만 원×15.4%)의 세금이 발생한다. 하지만 ETF A와 B 모두 ISA 계좌에서 매수했다면 A와 B의 손익(손실과 수익)을 통산한다. 즉 수익 500만 원과 손실 200만 원을 합한 순수익 300만 원을 기준으로 과세를 결정한다. 순수익 300만 원에 과세할 때 먼저 200만 원이 비과세이니 과세 대상에서 빠진다. 나머지 100만 원을 낮은 세율(9.9%)로 과세하기 때문에 홍길동이 납부할 총 세금은 99,000원이다. 기존 세금(77만 원)보다 67만 원 넘게 세금이 절약됐다. ISA는 분리과세 대상이니 종합소득세에 포함되지 않는다는 것도 큰 장점이다. 금융소득이 많든 적든 매우 유리한 가입 조건이다. 서민형이나 농어민형 ISA일 경우 비과세 한도가 400만 원이니 세금이 전혀 없다.(단 국내 상장주식, 국내 주식형 펀드 및 국내 주식형 ETF의 매매차익은 비과세이므로 이 상품에 손실이 발생하더라도 ISA 내 예금, 다른 펀드 등에서 발생한 이익과 통산되지 않는다)

ISA 계좌에서 자금을 계속 운용해도 되지만 3년 만기를 채우면 연금계좌로 자금을 옮길 수 있다. 앞서 설명했듯이 연금 계좌는 장점이 많으나 연간 납입 한도가 제한되어 있다는 점이 아쉬웠는데, ISA에서 만기가 된 자금은 기존 연금 계좌의 납입 한도와 상관없이 적립이 가능해 이런 단점을 극복할 수 있게 해준다. ISA 만기 시에 계좌를 해지하고 이때 60일 안에 해지 금액을 연금 계좌로 이전하면 된다. 이때 납입액의 10%(최대 300만 원 한도)까지 추가 세액공제 혜택을 받을 수 있는 점도 큰 장점이다. (나도 2019년 개설한 ISA 계좌를 2022년에 만기 해지하면서 연금저축펀드에 추가 납입했다. 이때 발생한 수익이 1,339만 원이었고, ISA 계좌의 절세 효과로 절감한 세금이 156만 원이었다. 상세한 내용은 2022년 2월 7일에 올린 블로그에서 확인할 수 있다.)

만기 전에 중도해지하거나 국세청에서 부적격 통보 시에는 과세특례를 적용받은 소득세액에 상당하는 세액이 추징된다. 쉽게 말해 비과세 및 저율 분리과세 혜택이 없어진다. 단 계약 기간의 만료 전 납입 원금(가입일로부터 납입한 금액의 합계액)을 초과하지 않는 범위 내에서 자유로운 중도인출은 허용한다. 예를 들어 납입 원금이 2천만 원이고 현재 잔고가 2천 1백만 원일 때 2천만 원 이내의 금액은 자유롭게 중간에 뺄 수 있다. 인출 횟수에 제한은 없지만 중도인출 시의 인출한 금액만큼이 새로운 납입 한도로 재생성되지 않는다. 인출일 현재 일반과세 된다고 가정하면 예상되는 제세금은 인출 가능 금액에서 제외된다.

ISA 계좌는 운용 방식에 따라 중개형, 신탁형, 일임형으로 구분된다.

일임형은 금융회사에 자금 운용을 '일임'한다는 뜻이다. 투자금의 운용을 맡기는 것이니 그에 따른 일임 수수료가 있다. 신탁형은 가입자가 직접 자금을 운용하는데 그 '매매를 금융회사에 맡긴다(신탁)'는 의미로 이름 지어진 것으로 보인다. 2016년 ISA 제도가 도입될 당시 은행, 증권사, 보험사에 신탁형과 일임형 두 가지 형태만 존재했으나 2021년 증권사에서만 가입할 수 있는 중개형이 추가됐다.

중개형 ISA는 가입자가 직접 자금을 운용하고 증권사는 매매를 '중개'해주는 역할을 한다. 중개형과 신탁형은 ETF 투자자 입장에서 큰 차이는 없다. 다만 중개형이 나오면서 삼성전자나 네이버 같은 개별 주식 매매가 가능해졌다. 신탁형에서는 개별주 매매가 불가능하다. ETF를 이용한 자산배분 투자를 하는 경우 중개형과 신탁형의 차이는 수수료 정도다.

신탁형은 계좌를 관리해준다는 관점에서 신탁보수라는 것을 받는데 매매수수료는 무료인 경우도 있다. 중개형은 기존 증권사 위탁 계좌와 비슷하게 계좌 관리에 대한 수수료는 없으나 ETF 매매 시 매매수수료가 있다. 매매수수료는 온라인·오프라인 등 가입 방법에 따라 다르게 책정되는데, 무려 0.1% 등 타사 대비 10배 이상 비싼 증권사도 많으니 반드시 확인 후 가입해야 한다. 참고로 내가 이용했던 증권사의 경우 신탁형은 신탁보수가 있는 대신 매매수수료가 없고, 중개형은 계좌 관리 보수가 없는 대신 매매수수료가 0.014%였다. 이때 어느 계좌가 유리한지를 결정하는 방법으로 얼마나 자주 매매하는지를 말하는 지표인 매매회전율을 체크해보아야 하는데, 자산배분 투자와 같이 연간 매매 회전율이 100% 미만이면 중개형이 더 유리했다. 참고로 중개형은 모바일 비대면 계좌 개설이 가능하나 신탁형과 일임형은 직접 금융회

#### 표 11 ● ISA 계좌 종류 및 특징 [참고:미래에셋증권 등]

| 종류 | 중개형 ISA | 신탁형 ISA | 일임형 ISA |
|---|---|---|---|
| 투자 가능 상품 | 펀드, ETF,<br>리츠, 채권,<br>국내상장주식 등 | 펀드, ETF,<br>리츠, 예금 등 | 펀드, ETF 등 |
| 투자 방법 | 투자자가 직접 매매 | | 금융회사에 투자 일임 |
| 보수 및 수수료 | 투자 상품별<br>수수료 및 보수 | 신탁보수 :<br>연 0.20%<br>(연 1회 후취) | 일임 수수료 :<br>연 0.10% / 연 0.50%<br>(상품 유형별 상이, 분기 후취) |
| 모바일 비대면<br>계좌 개설 | 가능 (일반형) | 불가 | 불가 |

사 지점을 찾아가야 한다.

가입자는 셋 중 하나의 형태로만 가입할 수 있으며, 이 책에서는 가입자가 직접 운용할 수 있는 중개형 혹은 신탁형을 대상으로 설명한다.

## 세제 혜택 및
## 과세이연 효과는 얼마?

매매차익 비과세인 국내 주식형을 제외한 해외 주식, 채권, 상품 펀드 투자자는 이자와 배당소득뿐만 아니라 펀드의 매매 또는 평가 이익, 외환 차익에도 소득세를 납부해야 한다.

국내 주식형 펀드와 해외 펀드에 각각 1억 원을 투자해서 주식 매매차익으로 1천만 원을 벌었다고 가정해보자. 이때 국내 주식형 펀드에 투자한 사람은 별다른 세금 부담이 없지만, 해외 펀드 투자자는 154만 원(1천만 원의 15.4%)을 배당소득세로 납부해야 한다. 이렇게 세금을 내고 나면 투자수익률이 낮아지는 것도 문제지만 자칫 방심했다가는 금융소득종합과세 대상자가 되어 높은 종합소득세를 낼 수도 있다.

연금저축, IRP 계좌를 활용해 해외 주식이나 채권, 상품 투자를 할 때 얻을 수 있는 장점은 '과세이연 효과'를 누릴 수 있다는 점이다. 앞의 사례처럼 일반 해외 펀드에 투자해서 이익이 나면 배당소득세(15.4%)를 납부해야 한다. 하지만 연금저축, IRP 계좌에서 발생한 수익은 즉시 세금을 납부하지 않고 나중에 연금을 수령할 때까지 과세가 이연된다. 뿐만 아니라 연금으로 수령할 경우 세율은 3.3~5.5%밖에 되지 않는다. 이렇게 과세이연이 된 운용 수익을 재투자해 수익을 늘려갈 수 있고, 나중에 연금을 수령할 때 훨씬 낮은 세율로 세금이 부과되므로 일거양득이라 할 수 있다.

연금저축, IRP를 이용할 때 세액공제, 과세이연, 저율과세의 효과는 얼마나 될까? 경우에 따라 다르지만 연수익률 기준 1.9%포인트의 수익 상승 효과가 나올 수 있다. 이는 7장에서 설명하는 홍길동과 김철수의 사례를 분석한 결과다. 홍길동과 김철수는 매달 30만 원을 30세부터 30년간 투자했다. 이들은 K-올웨더라는 자산배분 투자법으로 돈을 굴렸다.(K-올웨더는 5장에서 설명) 둘의 차이는 홍길동이 연금저축펀드 계좌를 이용한 반면 김철수는 일반증권 계좌에서 굴렸다는 점이다. 30년간의 투자 결과 김철수의 잔고는 4억 5,593만 원으로 홍길동의 잔고(5억 9,521만 원)에 비해 약 10%(4,681만 원) 적었다. 시간가중수익률 기준으로 홍길동의 성과는 연 10.6%로 김철수의 수익률(8.7%)보다 연

1.9%포인트 높은 수준이다. 동일한 포트폴리오로 투자했지만 홍길동의 경우 연말정산을 통해 받은 세액공제 금액을 재투자했고 과세이연 혜택까지 받았기 때문에 차이가 난 것이다.

김철수는 "겨우 월 30만 원 넣는데 이런 소액에 절세가 무슨 의미가 있겠어. 그리고 연금 받을 때 어차피 세금 내잖아? 연금도 많이 받으면 종합소득세 낸다던데? 지금 세액공제 받아도 나중에 세금 폭탄 맞으면 무의미한 거 아니야?"라고 생각해 일반증권 계좌에서 돈을 굴렸다. 과연 정말 김철수의 말이 맞았을까?

홍길동과 김철수는 60세 이후의 인출 금액과 과세에 따른 시뮬레이션을 전문가에게 요청했다. 홍길동과 김철수가 60세에 만든 금액은 앞서 보았듯 5억 9,521만 원과 4억 5,593만 원이다. 이들이 매년 노후 생활비로 월 370만 원가량을 사용한다고 가정하자. 이 금액은 연간 4,438만 원으로 김철수는 추가 과세 없이 인출하지만, 홍길동은 연간 5,250만 원을 인출하며 812만 원의 세금을 내야 한다. 홍길동이 내는 세금이 정말 크다고 생각할 수 있다. 실제 매달 370만 원의 생활비를 쓸 때 잔고가 빨리 떨어지는 쪽은 김철수다. 김철수는 78세까지 돈을 찾을 수 있지만, 홍길동은 90세까지 쓸 수 있다. 무려 12년이나 더 쓸 수 있는 것이고, 그 금액은 5억 3천만 원이 넘는다. 아직도 저 세금이 아까운가? 세금도 수익이 있어야 내는 것이다. 김철수가 30세부터 30년간 돈을 굴리며 낸 세금이 훨씬 크기 때문에 이런 차이가 발생한 것이다.(상세 내용은 7장에 설명되어 있다)

ISA 계좌는 손익을 통산하여 200만 원까지 비과세, 200만 원 초과분은 9.9%로 분리과세한다.

표12 ● ISA 계좌의 순이익별 세제 혜택

| 순이익 | ISA 세금 | 일반 과세 (15.4%) | 세금 절감 금액 | 순이익 대비 세금 절감 비율 |
|---|---|---|---|---|
| 100 | 0 | 15.4 | 15.4 | 15.4% |
| 200 | 0 | 30.8 | 30.8 | 15.4% |
| 300 | 9.9 | 46.2 | 36.3 | 12.1% |
| 400 | 19.8 | 61.6 | 41.8 | 10.5% |
| 500 | 29.7 | 77 | 47.3 | 9.5% |

　ISA 계좌에 1,000만 원을 적립하고 5년간 200만 원의 수익(연수익 3.7%)이 났다면 전부 비과세다. 만약 동일한 방법으로 투자해서 ISA 계좌에 1억 원을 적립하고 5년간 2,000만 원의 수익(연수익 3.7%)이 났다면 200만 원까지는 비과세, 초과분 1,800만 원은 9.9% 분리과세되므로 178만 원의 세금이 발생한다. 서민형과 농어민형 가입자는 400만 원까지 비과세로 투자 금액이 크지 않을 때 세금 효과가 더 크도록 구성되어 있다. 종합소득세에 합산되지 않는 분리과세가 적용되므로 고소득자에게도 유리하다. 금융소득종합과세 대상 외이기 때문이다.

　[표12]는 2,000만 원을 적립하여 운영했을 때 세제 혜택을 순이익별로 계산한 것이다. 이익금이 적을 경우 세재 혜택이 더 크게 작용함을 알 수 있다.

## 금융 자산가에게도 꼭 필요한 절세 삼총사 '연금저축, IRP, ISA'

부자들이 자산을 관리할 때 수익률만큼이나 중요하게 생각하는 것이 세금이다. 특히 이자나 배당을 많이 받는 금융 자산가라면 금융소득종합과세에 관심을 갖지 않을 수 없다. 부자들이 연금 계좌(연금저축, IRP)에 부쩍 관심을 갖는 이유가 이것이다. 특히 2013년부터 금융소득종합과세 기준이 4천만 원에서 2천만 원으로 낮아지면서 이런 현상은 더욱 커졌다. 세금 부담이 늘어난 부유층은 절세 대안으로 연금 계좌에 주목할 필요가 있다.

금융소득종합과세란 금융소득을 다른 종합소득과 합산하여 과세하는 것을 말한다. 본래 이자나 배당 같은 금융소득은 소득세(14%)와 지방소득세(1.4%)를 원천징수하기 때문에 별도의 세금 신고가 필요 없다. 하지만 금융소득이 2천만 원이 넘어가면 원천징수 외에 2천만 원을 초과한 금융소득을 다른 종합소득(근로소득, 사업소득 등)과 합산해 종합소득세를 신고해야 한다. 이때 금융소득에 누진세율이 적용되면서 세금 부담이 늘어나는 것이다.

만약 이자나 배당이 나오는 투자 상품을 연금 계좌에서 운용했다면 발생 수익에 대해서 당장 이자나 배당소득세를 내지 않아도 되기 때문에 금융소득종합과세를 피해갈 수 있다. 물론 연금 계좌의 연간 납입 한도가 제한적이라는 한계는 있으나 배우자까지 가입하면 부부 합산 연간 3,600만 원을 적립하여 운영할 수 있는 방법도 있다.(배우자가 가정주부인 경우 세액공제 혜택을 받지 못하지만 여전히 과세이연과 저율과세 혜택은 있으며, 인출 시의 세금 역시 절감할 수 있어 장점은 충분하다)

연금저축 및 IRP 계좌는 세액공제 혜택뿐만 아니라 운용과 인출 과정에서 각각 과세이연과 저율과세라는 세제 혜택이 있다. 먼저 납입한 돈을 운용하면서 발생한 수익에 대한 세금은 모두 인출 시점까지 연기된다. 일반 금융 상품에 가입해 이자와 배당소득이 발생하면 15.4%의 세금을 납부한다. 그리고 만약 이자와 배당을 합한 금융소득이 연간 2,000만 원을 초과하면 금융소득까지 종합소득세를 납부한다. 그러나 연금저축과 IRP에서 발생한 운용 수익은 이를 찾아 쓸 때까지 세금이 부과되지 않는다. 즉 계약을 해지하거나 연금을 수령할 때까지는 세금을 납부하지 않고 자산을 불려나갈 수 있다. 아울러 금융소득종합과세를 당할 염려도 덜 수 있다.

여기에 더불어 ISA 계좌를 적극 활용해 비과세와 분리과세 혜택을 받아야 한다. ISA 계좌는 매년 2천만 원(최대 1억 원) 한도로 납입할 수 있고, 3년 만기까지 유지하면 순소득 200만 원까지는 비과세, 초과분은 금액 제한 없이 9.9%로 분리과세되는 절세 상품이다. 금융 자산가들이 금융소득종합과세를 피해갈 수 있는 좋은 수단이다.

## 연금저축, IRP, ISA 무엇부터 넣어야 하나?

연금저축, IRP, ISA 모두 절세를 위한 좋은 계좌다. 다만 취지에 따른 특성이 다르다. 먼저 연금저축과 IRP는 은퇴 준비 자금이라는 목적에 맞춰 나온 계좌다. 따라서 55세 이후에 연금 수령을 목적으로 하는 자금을 운영하는 게 좋다. ISA는 3년의 의무 기간이 필요한 중기 자금 운용에 적합하다고 할 수 있다.

연금저축과 IRP는 세제 혜택이 거의 동일하고, IRP의 세액공제 한도가 더 높은데 굳이 연금저축이랑 2개 계좌에 나누어서 운용해야 할까?

두 계좌가 가지고 있는 장단점이 명확하기 때문에 나누어 운용해야 한다. 먼저 연금저축만으로는 세액공제 연간 한도(900만 원)를 챙길 수 없기 때문에 IRP 계좌를 뺄 수 없다. 다음으로 연금저축 계좌가 필요한 이유는 IRP 계좌의 단점들 때문이다. IRP의 경우 중도인출이 원칙적으로 금지된다. 반면 연금저축은 세액공제 한도 이상의 추가 납입금에 대해서는 불이익 없이 인출이 가능하다. 다양한 이유로 긴급 자금이 필요할 경우 연금저축은 담보대출이 가능하다.

반면 퇴직연금DC, IRP의 경우 법률상 담보대출이 가능하다고 되어 있으나 실제로는 시행되지 않고 있다. 퇴직연금 담보대출이 있으나 마나한 제도가 된 이유는 담보 질권 설정의 범위가 모호하고, 대출금 회수 시에 퇴직연금 수급권과 충돌하는 문제가 있어 퇴직연금 사업자들이 시행을 못하고 있기 때문이다.

[표13]에서 확인할 수 있듯이 연금저축의 경우 IRP보다 중도인출 허용 사유가 많다. 이 밖에도 투자 가능 ETF 종류도 연금저축이 훨씬 많으며, 안전자산 최소 투자 한도(30%) 등의 제한도 없어 투자 활용도가 높다.

장점 많은 연금저축을 기본으로 하되 세액공제를 최대로 받기 위해서는 IRP에도 나누어 넣는 것이 좋다. 그렇다면 연금저축과 IRP는 어떤 순서로 납입하면 좋을까?

결론부터 말하면 은퇴 준비 자금의 크기에 따라 ①연금저축에 600만 원, ②IRP에 300만 원, ③연금저축에 900만 원의 순서로 불입하는

표13 ● 연금 계좌의 중도인출 사유 및 적용 세율 [출처:금융감독원]

| 구분 | IRP 중도인출 | 연금저축 중도인출 | 중도인출 시의 적용 세율 | |
|---|---|---|---|---|
| | | | 자기부담금 및 운용 수익 | 퇴직급여 |
| 6개월 이상 요양 의료비 | ○ | ○ | 연금소득세 (3.3~5.5%) | 연금소득세 (퇴직소득세의 70%) |
| 개인회생·파산 선고 | ○ | ○ | | |
| 천재지변 | ○ | ○ | | |
| 가입자 사망·해외 이주 | × | ○ | | |
| 3개월 이상 요양 의료비 | × | ○ | | |
| 연금 사업자 영업 정지·인가 취소·파산 | × | ○ | 기타소득세 (16.5%) | 퇴직소득세 |
| 무주택자 주택 구입·전세보증금 | ○ | ○ | | |
| 사회적 재난 | ○ | ○ | | |
| 그 외의 사유 | X(전부 해지는 가능) | ○ | | |

게 좋다. ①과 ②는 연말정산 때 세액공제를 최대한 받기 위한 것이고, ③은 두 연금의 연간 납입 한도인 1,800만 원에 맞춰 추가 자금을 불입하는 것인데 세액공제는 못 받지만 과세이연과 연금 수령 시에 저율과세 효과를 누릴 수 있다. ③에서 IRP가 아닌 연금저축에 추가로 불입하는 이유는 IRP에 비해 투자할 수 있는 ETF 상품이 다양하고 중도인출 가능성 등 자금 운용 효율을 높일 수 있기 때문이다.

①과 ②의 세액공제는 연금저축과 IRP를 합산하여 연 900만 원까지 가능하다.

연금저축 납입액이 있는 사람은 연금저축(600만 원 한도) 포함 최대 900만 원까지(900만 원-연금저축 납입액)를, 연금저축 납입액이 없는 사

표14 ● 연금저축과 IRP 세액공제 가능 금액

| 연금저축 세액공제 대상 금액 | IRP 세액공제 대상 금액 | 총 세액공제 대상 금액 |
|---|---|---|
| 600만 원 | 300만 원 | 900만 원 |
| 400만 원 | 500만 원 | 900만 원 |
| 0원 | 900만 원 | 900만 원 |

람은 IRP 납입을 통해 연간 900만 원까지 세액공제를 받을 수 있다. [표14]와 같이 연금저축에 600만 원을 납입했다면 IRP에는 300만 원을 납입해 총액을 900만 원으로 맞추는 것이다. 연금저축이 없다면 IRP에 900만 원을 납입해 900만 원의 세액공제를 받을 수 있다.

세액공제는 총 급여액(혹은 종합소득금액)에 따라 차이가 있다. 총 급여액 기준으로 5,500만 원 이하인 근로자는 두 상품에 900만 원을 납입했을 때 공제 금액이 148만 5천 원이다. 5,500만 원 초과인 근로자는 900만 원을 납입했을 때 세액공제 비율이 13.2%로 낮아져 공제 금액이 118만 8천 원이 된다.

표15 ● 소득 구간별 세액공제 가능 금액 [출처 : 금융감독원]

| 총 급여액<br>(종합소득 금액) | 세액공제 대상 납입 한도<br>(연금저축 납입 한도) | 세액공제율 | 연말정산 공제 금액 |
|---|---|---|---|
| 5,500만 원 이하<br>(4,500만 원) | 900만 원<br>(600만 원) | 16.5% | 148.5만 원<br>(99만 원) |
| 5,500만 원 초과<br>(4,500만 원) | | 13.2% | 118.8만 원<br>(79.2만 원) |

## 맞벌이 부부에게
## 유리한 절세 방법은 없을까?

맞벌이 부부의 경우는 총 급여에 따라 세액공제 혜택이 다르다는 특징을 활용하면 좋다. 부부 중에 총 급여가 적은 배우자가 먼저 세액공제 한도액까지 연금저축과 IRP에 납입하는 것이 세금 혜택을 받는 데 유리하다.

총 급여(근로소득)가 5,500만 원을 초과하거나 종합소득이 4,500만 원을 초과하는 가입자의 경우 세액공제액은 '한도 내 납입액 × 13.2%'로 산출되므로 900만 원을 납입하면 118만 8천 원(=900만 원 ×13.2%(소득세 12%+지방소득세 1.2%))의 세금을 연말정산이나 종합소득세 신고 때 공제받을 수 있다.

반면 총 급여(근로소득)가 5,500만 원 이하이거나 종합소득이 4,500만 원 이하인 가입자가 900만 원을 납입하면 148만 5천 원(=900만 원 ×16.5%(소득세 15%+지방소득세 1.5%))의 세금을 감면받을 수 있다.

따라서 부부 중 총 급여 5,500만 원 이하인 배우자가 세액공제 한도

표16 ● 맞벌이 부부 세액공제 혜택 예시 [단위 : 만 원, 참고 : 금융감독원]

| 구분(소득) | 기존 | | 변경 | | 차이 (A -B) |
|---|---|---|---|---|---|
| | 납입액 | 세액공제액 (A) | 납입액 | 세액공제액 (B) | |
| 남편(6,000만 원) | 900 | 118.8 | 100 | 13.2 | △105.6 |
| 아내(5,000만 원) | 100 | 16.5 | 900 | 148.5 | 132 |
| 합 계 | 1,000 | 135 .3 | 1,000 | 161.7 | 26.4 |

인 900만 원을 납입하여 세액공제를 받는 것이 유리하다. 즉 [표16]에서 보는 바와 같이 똑같이 부부 합산 1,000만 원을 연금 계좌에 납입하더라도 소득이 적은 아내 명의로 900만 원을 납입하면 26만 4천원을 세액공제로 더 받을 수 있다.

## ISA 계좌가 아닌 일반 계좌나 현금성자산이 나은 경우도 있다

연금저축과 IRP의 경우 은퇴 준비가 목적이기 때문에 만 55세까지 유지하고 연금으로 수령해야 혜택이 크다. 따라서 반드시 장기간 투자가 가능한 금액을 납입해야 한다. 연말정산을 목적으로 무리한 금액을 납입했다가 중도해지하면 기타소득세(16.5%)가 발생할 수 있으니 주의해야 한다.

ISA 역시 3년의 기간 제한이 있다. 따라서 1~2년 안에 사용할 자금을 운용하기에는 적절치 않다.

일반적으로 2~3년 이내에 사용처가 정해져 있는 자금은 투자를 하지 않고 현금성자산에 두는 것이 맞다. 현재 만나는 사람이 있고, 2~3년 안에 결혼 계획이 있다면 결혼 준비 자금을 연금저축이나 IRP, ISA에 넣는 것은 썩 좋은 생각이 아닐 수 있다.

물론 일반 주식 계좌를 통한 투자도 하지 않는 것이 낫다. 주식시장은 언제 무슨 일이 발생할지 알 수 없다. 하필 자금이 꼭 필요한 순간에 주가가 폭락하면 눈물을 머금고 손실을 확정지을 수밖에 없기 때문이다. 2년마다 재계약을 해야 하는 전세금 상승을 대비한 자금 역시 변동성이 거의 없는 현금성자산에 넣어두어야 한다. 주가가 폭락하고 전세금은 급등하는 상황이 발생할 수도 있기 때문이다.(단기 목적성 자금의 기간을 3년이라고 특정하기는 어렵다. 투자 방법이나 전략에 따라 적절한 최소 투자 기간은 다를 수 있으며 다양하다. 다만 금융시장의 폭락과 회복에 걸리는 기간 등 경험적 정보에 착안해 말하는 것이다. 절대 수치가 아니니 참고하자)

일시적인 생활비 상승이나 갑작스러운 병원비 등을 대비하기 위한 목적의 자금 역시 환금성이 뛰어난 현금성자산으로 보유해야 한다. 환금성이란 자산을 현금화하는 데 얼마나 빠르고 편리한가를 말하며, 현금성자산이란 현금처럼 높은 유동성을 가진 투자 자산을 말한다. 유동성이 높다는 건 입출금이 편하다는 말이다. 다만 현금으로 보유할 경우 물가상승률을 따라가지 못하는 손실이 꾸준히 생길 수 있다. 따라서 현금처럼 유동성이 높으면서 작더라도 수익이 나는 상품을 이용해야 한다.

수시입출식통장의 경우 수시로 돈을 입금하고 출금할 수 있으나 이자가 거의 없다. 예금의 경우 만기가 지나야 약정 이자를 지급하고 중도해지할 때는 금리가 낮으니 유동성이 떨어진다.

현금성자산으로 추천할 만한 상품은 유동성과 금리가 어느 정도 높은 투자 자산으로 MMF와 CMA가 많이 알려져 있다. 이외에도 최근 각광받고 있는 'TIGER KOFR금리액티브(합성)'나 'KODEX KOFR금리액티브(합성)', 'TIGER CD금리투자KIS(합성)' 같은 ETF도 추천할 만하다.

주로 은행에서 가입할 수 있는 MMF는 단기금융상품펀드Money Market

Fund의 약자로 펀드에 모인 자금은 안전한 국공채나 은행 예금, CD, 초 우량 기업의 회사채 및 CP에 투자되고 여기서 얻은 수익을 돌려주는 상품이다. 만기 1년 이하의 우량 채권 위주로 투자하므로 손실 위험이 아주 낮다.

증권사에서 가입할 수 있는 CMA는 종합자산관리계좌Cash Management Account라고도 불리며, 고객이 예치한 자금으로 신용등급이 높은 은행채 및 국공채, 기업 어음 등에 투자하여 수익을 고객에게 돌려주는 상품 이다. 이러한 특성 때문에 단 하루를 맡겨도 이자를 받을 수 있다. 또한 계좌 내에서 주식, 채권 등 증권사에서 거래되는 다른 상품으로의 투 자도 가능하기에 다양한 용도로 운용할 수 있다.

'KOFR'은 'Korea Overnight Financing Repo Rate'의 약자로 국채·통안증권을 담보로 하는 익일물 RP금리를 사용하여 산출한 우리 나라 무위험지표금리다. 무위험지표금리는 LIBOR금리 조작 사건 등 기존 금융거래지표의 신뢰도 하락을 계기로 개발된 대체 지표금리다. 우리나라는 2021년 2월 무위험지표금리로 RP거래금리를 최종 선정 했고, 증권 결제 및 장외 RP 거래 환매서비스 기관인 한국예탁결제원 이 중요 지표 산출기관으로 최종 선정되어 KOFR의 산출·공시 업무를 수행하고 있다.

CD금리에서 CDcertificate of deposit(양도성예금증서)는 제3자에게 양도가 가능한 정기예금증서, 무기명예금증서를 말한다. CD금리 지수는 지수 산출 기관이 평가한 CD 종목 중에서 잔존만기 60~120일 이내의 국 내 시중은행, 특수은행 CD 10종목으로 구성한다.

CMA와 MMF는 특징이 유사하며 장점도 많다. 다만 두 상품 모두 실적배당형 상품으로 예금자보호가 안 되며, MMF의 경우 출금할 때 하루가 소요되기도 한다. 두 상품의 이자율은 크게 차이가 나지 않으므로 은행을 주로 거래한다면 MMF를, 증권사를 주로 거래한다면 CMA를 이용하면 된다. 전세 자금과 같이 목적 기간이 연단위로 정해져 있다면 은행 예금을 이용하는 것이 조금 높은 이자를 챙기는 방법이다.

KOFR금리나 CD금리에 투자하는 ETF의 경우 실시간으로 사고 팔 수 있는 장점이 있는 반면에 최소 거래 단위인 ETF 한 좌당 5~10만 원이 넘어 소액이나 자투리 자금이 남는다는 단점이 있다.

PART

# 2

# ETF로
# 자산을
# 배분하는
# 방법

# 04.
# 자산배분
# 이렇게
# 투자하라

재테크 공부를 해본 사람이라면 '자산배분'이라는 단어를 들어봤을 것이다. 자산을 배분해 투자하라는데 구체적으로 알려주는 곳은 많지 않다. 이제부터 자산배분 투자에 대해 알아보자.

## ┃ 자산배분과
## ┃ 분산투자

투자의 핵심을 한 문장으로 표현하면 '싸게 사서 비싸게 팔아라'이다. 이 문장을 두 개의 질문으로 나눠보면 '지금은 싸지만 나중에 비싸질 대상이 무엇인가'와 '언제 사서 언제 팔아야 하는가'로 나눌 수 있다. 투자업계에서는 이것을 '종목 선택'과 '매매 타이밍'이라고 부른다. 대부분의 투자 관련 책이 이 두 가지를 다룬다.

'종목 선택'과 '매매 타이밍' 외에 한 가지 방법이 더 있다. '분산투자'가 그것이다. 분산투자는 한 가지 투자 자산에 모든 자금을 투자하지 말라는 것을 뜻한다. 한 회사나 한 산업, 또는 한 나라에만 투자하는 것은 좋지 않다. 주식 혹은 부동산에만 투자하거나 한 시점에 전부 투자하는 것도 좋지 않은 방법이다. 분산투자는 요즘 나온 개념이 아니다. 인류 역사에서 아주 오랫동안 전해져 내려온 지혜다.

"모든 계란을 한 바구니에 담지 마라."

출처가 알려지지 않은 이 말은 가장 유명한 분산투자의 격언이다. 한 바구니에 담으면 바구니를 떨어뜨렸을 때 모든 계란이 깨진다. 모든 계란을 잃지 않기 위해 바구니를 나눠 담아 위험을 분산하라는 뜻이다.

구약 성서 〈전도서〉에는 "당신의 몫을 일곱이나 여덟 가지로 나누도록 하라. 왜냐하면 이 지구상에 어떠한 불행이 닥칠지 알지 못하기에"라는 말로 분산투자를 권유한다.

불교 경전인 〈중아함경〉에는 "재물을 구한 뒤에는 그것을 나누어 4분(四分)으로 만들라. 4분의 1로는 음식을 만들고, 4분의 1은 농사의 밑천으로 삼고, 4분의 1은 간직해서 급할 때 쓰고, 나머지 4분의 1은 농사꾼이나 장사꾼에게 빌려주어 이자利子를 받으라"라는 말로 분산의 중요성을 얘기한다.

"모든 이로 하여금 자신의 돈을 세 부분으로 나누게 하되 3분의 1은

토지에, 3분의 1은 사업에 투자케 하고, 나머지 3분의 1은 예비로 남겨두게 하라." 2천 년 전에 나온 탈무드에 있는 구절이다. 유대인의 오랜 지혜를 모은 책에 이런 구절이 있다는 것은 자산배분의 경험과 지혜가 탈무드보다 더 오래되었음을 말한다. 이 말을 한 사람이 누구였든 그는 위험과 수익, 그리고 자산배분의 효과를 잘 알고 있었을 것이다.

1600년에 나온 윌리엄 셰익스피어의 희곡 〈베니스의 상인〉에도 이런 구절이 나온다. "내 물건을 한 배에만 실은 게 아니고, 거래처도 한 군데가 아니거든. 또 전 재산이 올 한 해의 운에 달려 있지도 않아." 이 대사의 주인공 역시 분산투자를 잘 알고 있다. 실제로도 셰익스피어는 연극으로 번 돈을 여러 극장과 집, 건물, 토지 등에 분산해 투자했다고 한다. 만약 당시에 주식이 활성화되어 있었다면 주식에도 분산해 투자하지 않았을까.

분산투자는 자산을 분산해서 투자하는 것이라고 했다. 분산투자의 구체적인 실행 방법으로 '자산배분 전략'이 있다. 투자 포트폴리오를 운용하는 방법 중 하나가 자산배분 전략이다. 포트폴리오란 여러 가지 투자 자산을 섞어놓은 것을 말한다. 원래는 '서류가방'이나 '자료수집철'을 뜻하는 말이었으나 금융 투자에서는 '투자 자산들의 묶음'을 말한다. 내 투자 포트폴리오란 내가 투자한 주식, 채권, 부동산 등을 모아서 관리한다는 것이다. 개별 자산의 수익과 위험도 중요하지만 투자자의 입장에서는 포트폴리오 전체의 수익과 위험 관리가 더 중요하다.

## 현대 포트폴리오 이론

1952년 해리 마코위츠Harry Markowitz는 〈포트폴리오 선택〉이라는 논문을 발표했다. 이 논문에서 그는 다른 형태의 수익률을 보이는 투자 상품을 결합한 결과 전체 포트폴리오의 변동성이 감소함을 보여주는 수학적 모델을 처음으로 공개했다. 오늘날의 금융과 투자 관리 영역에 미친 그의 영향력이 엄청나기 때문에 '현대 포트폴리오 이론의 아버지'라 불리며 1990년 노벨경제학상을 수상했다.

현대 포트폴리오 이론은 관심의 초점을 개별 증권에서 전체 포트폴리오로 옮겼다. 동시에 분산투자 개념이 재검토되었다. 최적의 분산투자는 단순히 계란을 옮길 때 많은 바구니를 사용하라는 식의 개념을 넘어선다. 다른 것과 분명히 구별되는 바구니를 찾는 것이 더욱 중요하다. 각 바구니의 독특한 수익률 움직임이 다른 바구니의 움직임과 다름으로 인해 전체 포트폴리오의 변동성을 낮추기 때문이다. 이것이 분산투자의 핵심이다.

예를 들어 특정 섹터의 주식에 '분산'하는 것은 분산투자의 원래 목적인 위험 관리가 제대로 되지 않을 가능성이 높다. 이러한 분산은 해당 섹터가 하락할 때 섹터의 주식들이 같이 하락하는 경우가 많기 때문이다. 즉 어떤 자산이 하락할 때 하락하지 않거나 상승하는 자산을 같이 보유해야 하는 것이다.

### 현명한 투자자

주식 투자자라면 누구나 들어봤을 법한 투자 분야의 고전 중 하나가 벤저민 그레이엄Benjamin Graham의 〈현명한 투자자〉이다. 투자업계의 살아 있는 신화 워런 버핏의 스승으로 불리는 그레이엄은 이 책에서 어떤 이야기를 했을까?

그레이엄은 이 책에서 초보 투자자는 방어 투자 기법을 사용하라고 한다. 그가 말하는 방어 투자 기법은 주식과 채권에 반씩 투자하는 것이다. 공격적인 투자자의 포트폴리오도 처음에는 방어 투자자와 마찬가지로 채권과 주식으로 구성하라고 한다. 이후 투자가 익숙해지고 지식이 쌓이면 주식과 채권의 비중을 30~70%로 조정하라고 권한다. 그런 다음 다른 투자 대상을 추가할 수 있지만 반드시 충분한 근거를 확보하라고 한다.

그레이엄의 〈현명한 투자자〉 초판은 1949년에 나왔다. 해리 마코위츠의 논문이 나오기 전이다. 그레이엄이 주식과 국채에 분산투자하라고 한 것은 논리나 이론보다는 경험에서 나온 지혜일 것이다. 탈무드에서 유대인이 자산을 세 분야로 나누라고 말했던 것처럼 말이다.

이왕 이야기가 나왔으니 이 책에 나오는 주옥 같은 문장 몇 개를 옮겨본다. 어떤 대상에 투자하든 마음에 새겨두기 바란다.

◆ 투자에 성공하려면 건전한 사고방식과 감정 조절 능력을 가져야 한다.
◆ 시장의 움직임이 비효율적일수록 기회는 더욱 커진다.
◆ 투자자를 곤경에 빠뜨리는 가장 무서운 적은 자기 자신이다. 이성을 잃고 시장에 휩쓸리기 쉽기 때문이다.
◆ 투기에 빠진 대중은 구제불능이다. 이들은 유행을 타는 테마주라면 가격 불문하고 무작정 매수하려고 덤벼든다.
◆ 일반 투자자는 자신의 야심을 억제하고 안전하게 방어 투자에 머물기만 하면 이런 자질이 부족하더라도 투자에 성공할

수 있다. 만족스러운 투자 실적을 얻기는 생각만큼 어렵지 않으나 우수한 실적을 얻기는 생각보다 어렵다.

출간된 지 70년이나 지난 책이 아직도 읽히는 것은 그만큼 투자를 통찰하는 내용이 많고 여전히 공감되기 때문일 것이다. 많은 사람이 투자에 실패하는 이유를 두 가지로 나누면 하나는 투자자 자신이고 다른 하나는 금융시장의 변덕스러운 모습이다.

행동경제학에서는 투자자의 비합리적인 태도 때문에 투자에 실패한다고 설명한다. 사람들의 심리 편향을 이해하는 것은 투자에 성공하기 위한 필수조건이다. 금융시장은 다양한 이유로 호황과 불황, 거품과 폭락을 반복한다.

500년 동안 세계 금융시장의 역사에서 반복적으로 나타난 이런 변덕스러운 시장의 모습을 다양한 학자와 전문가는 여러 방법으로 설명한다. 어떤 이론이 정확히 맞는지 판단하기는 어렵다. 이럴 때는 이 이론이 맞고, 저럴 때는 저 사람의 논리가 맞기 때문이다.

따라서 초보 투자자가 가져야 할 태도는 인간의 비합리성을 받아들이고, 시장의 출렁임에 대응할 수 있는 투자 방법을 취해야 한다. 그레이엄의 주옥 같은 말을 기억하자. 그 시대에는 '자산배분'이라는 단어가 없었던 것 같다. 〈현명한 투자자〉와 〈현대 포트폴리오 이론〉이 나온 이후 수십 년간 다양한 연구와 금융시장의 성장은 '자산배분'을 발전시켜 왔다.

### 자산배분에 관한 연구들
1991년 게리 브린슨, 브라이언 싱어, 길버트 비바워가 미국 82개

대형 연기금의 1977~1987년 수익률을 조사했다. 전체 수익률의 91.5%는 자산배분 정책에 따랐고, 종목 선택이 4.6%, 매매 타이밍이 1.8% 영향을 미쳤다는 결과를 내놓았다.

예일 대학 경영대학원의 명예교수 로저 이봇슨Roger Ibbotson과 세계 최대 펀드 분석회사인 모닝스타의 폴 캐플런Paul Kaplan은 94개의 다양한 액티브펀드와 58개의 연금펀드를 분석했다. 2000년에 발표한 그들의 연구 결과 전체 투자 기간에 따른 수익률의 90% 이상을 자산배분이 설명했고, 펀드끼리의 수익률 차이의 40%가 자산배분의 결과라고 한다.

EDHEC 경영대학의 프랭크 파보치Frank Fabozzi 교수 등이 2007년 섹터, 스타일, 지역별로 나누어 분석한 결과에 따르면 시간 경과에 따른 수익률 변화의 90%, 펀드 간 수익률 차이의 33~75%가 자산배분 정책으로 결정된다고 주장했다. 이와 같은 다양한 연구 결과로 종목 선택이나 매매 타이밍보다 자산배분 정책이 포트폴리오의 투자 결과에 중요한 영향을 미친다는 것을 확인할 수 있다.

연구보고서 외에 자산배분이 유용한 투자 전략임을 확인할 수 있는 곳이 있다. 바로 연기금이다. 연기금이란 연금과 기금을 합쳐 부르는 말이다. 연금이란 노후 소득 보장을 위해 근로 기간에 기여금을 내고 일정한 연령에 도달하면 급여를 받는 제도이고, 기금이란 특정 목적의 자금을 마련하기 위해 정부나 대학 등이 조성하는 자금을 말한다. 우리나라에는 국민연금기금, 공무원연금기금, 우체국보험기금, 사학연금기금 등이 있다. 해외에도 다양한 연기금이 있다. 자산 규모 순으로 일본의 공적연금펀드GPIF, 노르웨이의 국부펀드GPFG, 네덜란드 공적연금

ABP, 미국 연방퇴직저축FRT 등이 있다. 일본과 노르웨이에 이은 3위가 한국의 국민연금이다.

이들 연기금은 연기금의 목적 또는 자산운용의 목적을 달성하기 위해 자산운용 정책에 따라 자산배분을 수행한다. 중장기 계획을 세워 적정한 목표 수익률을 산정하고 이를 실현하기 위해서 노력한다. 장기로 운용되는 연기금의 특성상 가장 중요한 것은 위험 관리로, 이를 분산투자를 통해 구현하고 있다. 이와 같은 엄청난 규모의 돈을 운용하는 기관에서 아무 이유 없이 자산배분을 수행하는 것은 아니지 않을까? 국내외의 연기금이 순수한 설립 목적이 아닌 정치 이슈로 가끔 언론에 올라오긴 하지만 실제로 자산운용 수준은 높다.

평범한 월급쟁이나 자영업자도 자신의 연금을 자산배분을 통해 운용할 수 있다. 이 책의 목적이 그것이다.

### 기관투자계의 워런 버핏, 데이비드 스웬슨

예일대학기금 최고투자책임자였던 데이비드 스웬슨David Swenson은 기대수익률이 높고 전통적인 자산(주식, 채권)과의 상관관계가 낮게 나오는 자산을 포트폴리오에 포함시킬 필요를 느꼈다. 다양한 자산을 포함시켜 자산배분 전략을 수행한 결과 30년간 강세장과 약세장을 통틀어 연평균 13.9%의 수익률을 달성했고, 10억 달러였던 펀드 규모를 239억여 달러의 자산으로 키웠다. 기관투자계의 워런 버핏으로 불리는 스웬슨이 이끌었던 예일대학기금은, 미국의 대학 기금 중 규모로는 두 번째지만 명성으로는 타의 추종을 불허한다. 그의 등장 이후 세계의 많은 연기금이 자산을 폭넓게 자산배분하여 운용함으로써 수익률을 높이고 있다.

이 책 역시 전통적인 자산인 주식과 채권뿐 아니라 그들과 상관관계가 낮은 자산을 분석하여 포트폴리오에 포함시킨다. 이를 통해 포트폴리오의 위험을 낮추면서 장기 수익을 높게 유지하고자 한다. 이제 자산배분 포트폴리오를 설계하는 과정을 따라하며 나만의 포트폴리오를 운용해보자.

## 자산배분 투자 포트폴리오 설계

개인 투자자를 위한 자산배분 절차Asset Allocation Process는 모두 5단계다. ①먼저 투자자별로 적정한 목표수익률을 설정한다. ②다음으로 목표수익률을 달성하기 위한 자산군을 선택하고 자산군별 특징에 맞는 투자 상품을 선정한다. ③자산별로 얼마씩 자산을 배분할지 비중을 결정한다. ④그리고 투자 기간 중 자산 재분배를 수행할 기준을 설정한 다음 ⑤실제 투자를 실행한다. 각 절차별 상세 내용을 알아보자.

### 목표수익률 설정

목표수익률을 어느 정도로 잡아야 할까? 목표수익률이 너무 높으면 기대수익률이 큰 자산에 많이 투자해야 한다. 이런 자산들의 특징은 변동성이 크다. 따라서 투자자가 감수해야 할 위험 역시 커진다. 반면 목표수익률이 낮아 예금에 투자해도 된다면 투자를 고민할 필요는 없겠지만 부를 늘릴 수 없다. 연 100% 이상의 수익률을 기대한다면 가상화폐나 동전주에 투자해야 할 것이다. 이런 투자 대상을 지켜보았다면 그 이상의 수익이 났다는 경우보다 쪽박이 난 경우가 더 많다는 걸 알 것이다.

주식 투자자에게 1년 수익률이 얼마나 나기를 기대하는지 물으면 20~30%는 수익이 나야 하지 않겠냐고 답하는 경우가 많다. 물론 목표수익률을 생각해본 적이 없는 투자자가 훨씬 많다. 많으면 많을수록 좋다고 생각하기 때문이다.

스스로 생각하는 투자의 목표수익률은 어느 정도인가? 연 30% 이상, 20~30%, 10~20%, 아니면 10% 미만이라도 괜찮은가?

질문을 살짝 바꿔보겠다.

당신의 운전 실력은 어느 정도인가? 상위 30%, 중간, 하위 30%?

80%의 사람이 자신의 운전 실력이 상위 30%에 속한다고 답했을 것이다. 조사도 없이 어떻게 아냐고? 코넬 대학의 데이비드 더닝과 저스틴 크루거가 이미 실험을 통해 밝혀낸 내용이기 때문이다. 그들의 이름을 따서 더닝-크루거 효과Dunning-Kruger effect라고 불린다. 실제 운전 실력의 평균은 중간이 되어야 한다. 운전 실력이 평균 이하인 사람이 자신의 운전 실력을 과신하기 때문에 이런 현상이 발생하는 것이다. 운전뿐만 아니라 유머, 논리력, 문법 영역의 조사에서도 비슷한 결과가 나왔다고 한다.

이번에는 운전 실력이 아니라 투자 실력을 묻겠다. 당신의 투자 실력은 상위 30%, 중간, 하위 30% 어디에 속한다고 생각하는가?

이번에도 역시 상위 30%라고 생각하는가? 그렇다면 최상위 투자자의 실제 투자수익률은 어떨까? 주식 투자업계에서 가장 유명한 사람을 꼽으라면 세계 부자 순위 상위권에 항상 언급되는 워런 버핏일 것이다. 그의 연수익률은 20% 수준이다. 생각보다 낮다고 생각하는가? 하지만 그의 수익률은 50년간의 연평균 수익률이다. 그 기간에 파산한 수많은 회사와 금융위기를 생각한다면 대단한 수익률이다. 워런 버핏은 그런 투자 수익을 통해 세계 5위권의 부자로 늘 이름이 올라온다.

다음으로 투자의 신 혹은 악랄한 환투기꾼이라는 별명을 가진 조지 소로스의 연수익률은 26%이다. 마젤란펀드로 유명한 피터 린치는 펀드 운용 기간의 수익률이 연 29%였다. 세계 최대 헤지펀드를 운용하는 레이 달리오의 퓨어알파펀드는 21%의 수익을 내고 있다고 알려져 있다. 이런 세계의 투자 고수들의 수익률이 연 20~30%이다.

자, 다시 앞의 질문으로 돌아가겠다.

당신의 투자 목표수익률은 어느 정도인가? 연 30% 이상, 20~30%, 10~20%? 아니면 10% 미만이라도 괜찮은가?

당신의 투자 실력은 어느 정도인가? 더닝-크루거 효과가 나타난 건 아닌지 다시 생각해보기 바란다.

개인 투자자의 목표수익률의 최저값은 물가상승률일 것이다. 최소한 물가상승률보다는 높은 수익이 나야 돈의 가치를 지킬 수 있기 때문이다. 실제 투자 결과가 높으면 더할 수 없이 좋겠지만 목표수익률 자체를 높게 잡으면 투자에 실패할 가능성이 높다. 적정한 목표수익률은 물가상승률 플러스알파로 잡는 게 좋다. 은행 금리보다는 1~2%포인트 높은 수익. 운이 따라준다면 4~5%포인트 높은 수익이 날 수도 있으나 어디까지나 목표수익률은 낮게 가져가는 게 안전하다.

## 자산군 및 상품 설정

자산군을 나누는 근본적인 이유는 다양한 자산군이 변화하는 경제 환경에서 각각 다른 움직임을 보이기 때문이다. 이를 통해 포트폴리오의 위험은 낮아지고 수익률이 개선되길 기대할 수 있다.

자산군을 크게 분류하면 주식, 채권, 대체투자(부동산, 금 등), 현금성 자산 등 4가지로 나눌 수 있다. 해외 투자를 고려하면 좀 더 세분화된다. 국내 주식, 해외 주식, 국내 채권, 해외 채권, 대체투자, 현금성자산 등 6가지다. 주식을 스타일별로 나누거나 채권을 만기에 따라 나눌 수도 있고, 대체투자 부분을 부동산, 상품 등으로 세분화하면 더 많은 자산군으로 나누어진다.

포트폴리오 운용에 혁신을 불러일으킨 예일대학기금의 최고투자책임자인 데이비드 스웬슨에 따르면 자산배분은 6개 정도의 자산군을 고려하는 것이 적절하다고 한다. 투자에 많은 시간을 할애할 수 없는 개인 투자자에게 그의 조언은 적절하다. 자산군을 설정하면 각 자산군에 해당되는 세부 자산을 설정할 수 있다. 예를 들어 주식 자산군을 세분화하여 선진국 주식, 신흥국 주식 등으로 나누는 것이다.

자금의 규모가 크거나 전문 투자자라면 여러 단계의 세분화를 거칠 수 있다. 즉 신흥국 주식에서도 중국 주식, 인도 주식, 한국 주식 등으로 말이다. 또한 여기서 한 단계 더 세분화한다면 주식 중에서 대형주, 중형주, 소형주와 같이 나눌 수 있다. 다음 단계는 각 자산군의 성격에 맞는 투자 상품을 고르는 것이다. 전문 지식이 많지 않은 개인 투자자의 경우 너무 세분화할 필요는 없다.

자산배분 투자 전략에서 투자 대상 선정은 가장 먼저 고민할 부분이다. 투자의 목적은 무엇보다 높은 수익이다. 단 안정적이며 장기적으로 반복 가능해야 한다. 포트폴리오에 포함할 자산, 즉 내가 투자할 대상의 가장 중요한 특징은 '장기적'으로 '우상향'해야 한다는 것이다. '우상향'한다는 말은 가격이 오르고 수익이 발생한다는 뜻이다. 자산 가격의 움직임을 그래프로 그렸을 때 오른쪽으로 갈수록(시간이 지날수록) 가격이 올라가는(상향) 모양을 말한다. '장기적'이라는 말은 단기적으로나 일시적으로 가격이 떨어지고 수익률이 하락할 수도 있지만 길게 봤을 때 가격이 올라가야 한다는 것이다.

### 주식

자산별 장기 투자 결과를 보면 주식의 수익률이 가장 좋다. 〈낙관론자들의 승리〉에서 엘로이 딤슨 등이 16개국을 대상으로 분석한 결과

그림 14 ● 96년간 주요 투자 자산의 누적 수익률(1927-2022)

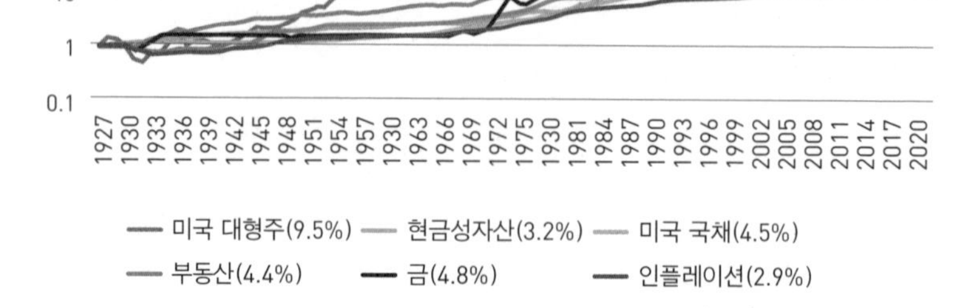

참고 : 뉴욕 대학 다모다란 교수 홈페이지, 세인트루이스 연준

모든 국가에서 주식 수익률이 가장 앞섰다.

[그림14]는 미국 자산들의 누적 수익률을 보여준다. 주식은 96년 간 연 9.5% 상승했다. 회사채는 6.6%, 국채는 4.5%, 금은 4.8%, 현금 성자산은 3.2%, 인플레이션은 2.9%였다. 이 기간에 금융시장은 제1 차 세계대전, 제2차 세계대전과 같은 전쟁과 평화, 인플레이션과 디플 레이션, 여러 차례의 경제적 팽창과 수축 등 다양한 시장 상황을 경험 했다. 다양한 상황에 따라 단기적으로 자산 가격이 폭락하며 변동성이 커지는 구간도 있으나, 장기적으로는 우상향하며 물가상승률 이상의 성과를 보여주었다. 그중에 주식의 수익이 가장 앞선다.

[그림15]는 1900년부터 2010년까지 110년간의 국가별 주식, 국 채, 단기채의 실질 연수익률을 보여준다. 실질수익률이란 명목수익률 에서 물가상승분을 뺀 값이다. 조사 대상 국가 전체에서 주식의 실질

그림15●110년간의 국가별 실질 연수익률 : 주식, 채권, 단기채

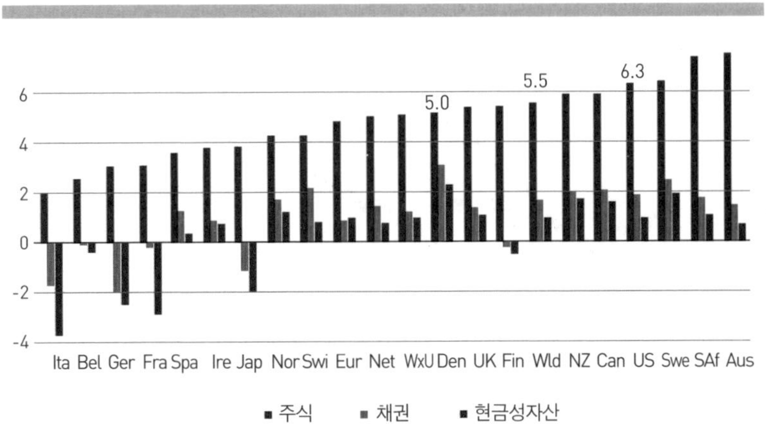

출처 : 엘로이 딤슨, 2011.7

수익률이 가장 높았음을 알 수 있다. 이외에도 많은 연구에서 장기적으로는 주식 수익률이 가장 우수한 결과를 보여준다.

주식이란 회사가 자본을 늘리기 위한 목적으로 회사의 주권을 사고팔 수 있게 만든 것을 말한다. 주식시장이란 이러한 회사들의 주식을 사고파는 곳이다. 주식 투자를 하는 방법은 크게 3가지로 나눠볼 수 있다. 첫째, 개별 회사 주식에 '직접투자'하는 방법, 둘째, 주식형펀드를 통해 '간접투자'하는 방법, 셋째, 주식시장 자체에 투자하는 '지수투자' 방법이다. 여기서는 세 번째 지수투자 방법 중에서 ETF 상품을 이용할 것이다.

주식 투자의 단점은 주식시장의 출렁거림, 그 변동성이 너무 위험하다는 것이다. [그림16]은 한국 대형주 지수(코스피200)와 미국 대형주 지수S&P500의 움직임을 보여준다. 2000년 초반, 2008년에 주가는 두

**그림 16 ● 주가지수의 장기 움직임 (1999.12.31 - 2023.3.31)**

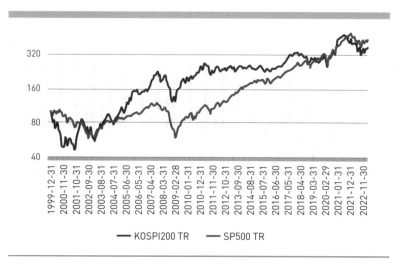

PART 2. 실전

나라 모두 반 토막이 났다. 2022년 역시 두 나라 모두 20%가 넘게 하락했다. [그림17]은 각 지수의 전년동월비의 모습인데 1년 단위로 투자할 경우 투자자가 느끼는 성과를 보여준다. 전년 대비 상승한 구간도 있지만 하락한 구간도 많음을 알 수 있다. 2020년 3월에 코스피를 매수한 사람이 1년을 보유했다면 거의 100%의 수익을 챙겼을 것이다. 하지만 2021년 3월 고점에 매수한 사람은 매우 힘들었음을 그래프를 통해 알 수 있다.

이러한 변동성은 투자자의 심리를 위축시켜 지속적으로 투자 전략을 펴지 못하게 하는 장벽이다. 주식 투자에서 가장 걱정되는 부분이다. 하지만 장기 투자의 긴 투자 시간은 이런 단점을 보완해준다. 장기 투자는 주식시장의 위험(변동성)을 낮춰준다.

[표17]은 코스피 지수에 아무 달에나 투자를 시작해서 6개월 뒤에

**그림 17 ● 1년 단위 투자자가 느꼈을 시장의 모습 ( 1999.12.31 -2023.3.31)**

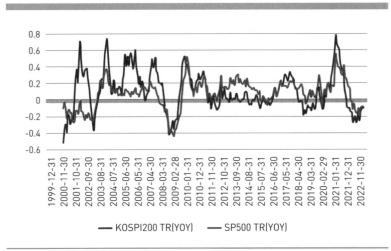

— KOSPI200 TR(YOY)　　— SP500 TR(YOY)

표17 ● 주식 (코스피 지수 ) 투자 단위 기간별 손실 확률 (1999.12.31-2023.3.31)

| | 한국 주식 (6개월) | 한국 주식 (1년) | 한국 주식 (5년) | 한국 주식 (10년) |
|---|---|---|---|---|
| 손실 횟수 | 72 | 64 | 9 | 0 |
| 이익 횟수 | 88 | 96 | 151 | 160 |
| 손실 확률 | 45% | 40% | 6% | 0% |
| 최저 수익률 | -40.0% | -28.5% | -2.0% | 2.4% |
| 평균 수익률 | 7.8% | 7.9% | 6.3% | 8.3% |

팔거나 1년, 5년, 10년 후에 매도했을 때의 투자 결과를 보여준다. 6개월 단위로 사고팔았을 때 손실 날 확률이 45%이며, 최저 수익률은 연환산 마이너스 40%였다. 투자 기간이 길어질수록 손실 확률은 점차 낮아져 10년 단위 투자 시의 손실 확률은 0%이고 최저 수익률이 플러스 2.4%였다. 평균 수익률은 8% 전후로 비슷한데 투자 기간이 길어질수록 손실 가능성과 손실의 크기를 줄여준다는 것을 알 수 있다.

장기 투자는 변동성의 좋은 부분, 즉 수익률의 상승하는 변동성만을 취하도록 도와준다. 이는 주식에만 해당하는 사항이 아니다. 다른 우상향하는 성격을 갖는 투자 자산 역시 장기 투자했을 경우 위험이 낮아진다. 이것이 투자를 장기로 해야 하며, 단기 성과에 일희일비하지 말아야 하는 가장 큰 이유다. 이 책에서 다루는 연금저축, IRP, ISA 모두 장기 투자가 의무적이다. 이것들은 장기 투자의 장점을 잘 반영한 계좌들로 개인 투자자에게 더없이 좋은 행동장치가 되어 준다.

주식시장의 변동성을 낮추는 또 다른 방법은 상관관계가 낮은 자산을 편입하는 것이다.

자산배분 전략의 가장 큰 강점은 수익을 양보하지 않으면서 포트폴리오의 위험을 낮추는 것이다. 이를 위해 '상관관계'가 낮은 자산을 선택해야 한다. 상관관계란 자산 가격이 오르고 내리는 움직임이 서로 얼마나 '상관' 있는지를 말한다.

[그림18]에서 A자산 가격이 올라갈 때 B자산 가격도 올라가고, A자산 가격이 내려갈 때 B자산 가격도 내려간다. 이렇게 같은 방향으로 움직이는 두 자산을 '양의 상관관계'를 가진다고 말한다. A와 B를 50%씩 포함하는 포트폴리오를 구성했을 때 포트폴리오의 움직임은 가운데 선과 같다. 포트폴리오의 움직이는 정도(변동성)가 A나 B나 동일하다. 양의 상관관계를 가진 두 자산을 이용한 포트폴리오는 개선된 점이 없다.

'음의 상관관계'란 두 자산의 움직임이 반대인 경우를 말한다.

그림18 ● 양의 상관관계로 구성된 포트폴리오의 움직임

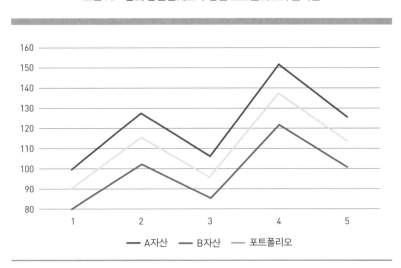

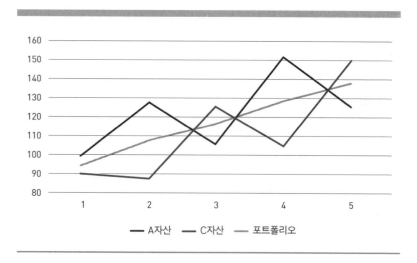

그림 19 ● 음의 상관관계로 구성된 포트폴리오의 움직임

[그림19]에서 A자산 가격이 올라갈 때 C자산 가격은 내려간다. 반대로 A자산 가격이 내려갈 때 C자산 가격은 올라간다. 서로 움직임이 반대인 A와 C에 절반씩 투자하는 포트폴리오의 움직임은 가운데 선과 같다. 부드럽게 우상향한다. 이 포트폴리오는 급격하게 오르거나 내리는 모양이 없다. 다른 말로 변동성이 아주 작다. 음의 상관관계를 갖는 자산을 포트폴리오에 편입했을 때 포트폴리오의 위험(변동성)을 낮출 수 있다는 말이 바로 이것이다.

주식과 상관관계가 낮은 자산으로는 국채를 꼽을 수 있다.

### 국채

국채란 정부가 원리금의 지급을 보증하고 빌린 돈을 말한다. 정부는 다양한 활동을 위해 예산을 책정하지만 거둬들이는 세금만으로는 부

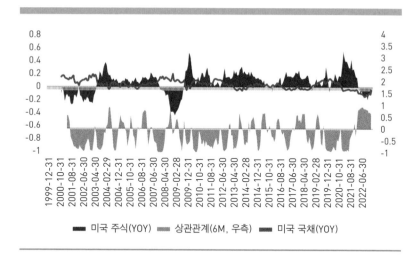

**그림 20** ● **미국 주식과 국채의 전년동월비 추이** (1999.12.31 -2023.3.31)

미국 주식(YOY)　　상관관계(6M, 우측)　　미국 국채(YOY)

족하다. 국가도 돈을 빌리는데 그것을 갚겠다는 증표가 국채다. 국가가 지급 보증을 하기 때문에 회사채에 비해서 부도날 확률이 매우 적다. 손실 위험이 낮은 덕분에 이자를 적게 줘도 돈을 빌릴 수 있다. 즉 국채 수익률은 낮다. 주식보다 장기수익률이 낮은 채권에 투자해야 하는 이유는 뭘까? 자산배분 전략에서 채권의 의미는 채권 가격의 움직임에 있다.

[그림20]은 미국 주식과 국채의 1년 단위 성과를 볼 수 있는 전년동월비를 나타낸 것이다. 그래프의 아래쪽은 주식과 국채 두 자산의 상관관계를 표시한 것이다. 주식 가격이 올라갈 때 채권 가격 상승은 주춤하거나 약간 하락한다. 반면 주식 가격이 하락할 때 채권 가격은 상대적으로 올라가는 경향이 있다. 이렇게 두 자산 간 수익률이 반대로 움직이는 경우 음의 상관관계를 갖는다고 말한다. 음의 상관관계를 갖

는 자산을 보유할 경우 포트폴리오 전체의 위험을 낮춰준다. 일반적으로 국채는 장기적으로 주식과 음의 상관관계를 보인다. 그림에서 볼 수 있듯이 대부분의 기간 동안 미국 주식과 국채의 상관관계는 매우 낮았으며 평균적으로 마이너스 0.25의 상관계수를 보였다.

왜 이렇게 주식과 국채의 움직임은 반대로 움직일까?

금융시장의 참가자는 국채는 안전자산이고 주식은 위험자산이라고 생각한다. 안전과 위험은 상대적인 개념이다. 나라(국채)가 망할 확률은 아주 낮지만 상대적으로 회사(주식)가 문을 닫을 확률은 꽤 높기 때문이다. 투자자는 주식시장의 변동성이 커지고 위험하다고 느끼면 투자 자금을 회수해 국채에 투자한다. 반대로 주식시장이 활황일 때는 국채에 투자되어 있던 돈을 찾아서 주식에 투자한다. 시중의 자금이 주식과 국채를 옮겨 다니며 발생하는 수요에 따라 가격 움직임은 서로 반대가 된다. 또 다른 이유는 정부의 금리 정책이다. 경기가 급격히 악화하고 주가가 폭락하면 중앙은행은 금리를 낮춰 시중에 돈을 풀어 유동성을 높인다. 금리 인하에 따라 국채 가격이 상승하는 현상이 나타나는데, 이런 성향 역시 주식과 국채가 음의 상관관계를 갖도록 하는 원인이다. 물론 항상 그렇지는 않다. 장기적으로 그런 성향이 더 많다는 뜻이다.


## 해외 투자

자본시장연구원에 따르면 국내 연기금들이 해외 투자를 확대하고 있다고 한다. 국민연금은 2001년부터, 사학연금이나 공무원연금 등은 2008년을 전후해 해외 투자를 시작해서 계속 확대하고 있다. 연기금들이 해외 투자를 확대하는 이유는 기금 규모가 방대해짐에 따라 기금의 위험을 분산하고, 자산의 유동성 및 수익률을 확보하기 위한 차원이다. 포트폴리오 관점에서 연기금의 위험을 낮추고 수익은 높이기 위해 해외 투자를 확대하는 것이다.

국내뿐 아니라 세계의 대형 연기금도 글로벌 시장의 변동성과 불확실성에 대비하여 자산 다변화를 통해 포트폴리오 위험을 낮추려는 노력과 수익률 제고에 힘쓰고 있다. 일본의 경우 공적연금펀드GPIF의 해외 투자 확대를 포함한 거주자의 해외 투자 증가를 통해 엔화 약세를 유도하고 있다. 2010년부터 2014년까지의 5년간 해외 투자 비중을 19%에서 33%로 확대했고, 중기적으로도 해외 투자 비중을 40%까지 확대하는 계획을 발표했다. 아시아 주요 국가도 해외 투자 활성화를 통한 자국 통화의 강세를 억제하는 정책을 시행 중이다.

해외 투자로 유명한 노르웨이 국부펀드GPFG는 1조 3천억 달러 규모를 운용하는 세계 최대 규모의 연기금이다. 노르웨이의 석유 자원 수입으로 얻는 수익을 장기적으로 관리하기 위해 1990년에 설립되었다. 노르웨이 연기금은 전 세계 9천여 기업에 투자하고 있는데 노르웨이 국내 기업에는 투자하지 않는 것으로 유명하다. 노르웨이 연기금이 대부분의 자금을 해외에 투자하는 이유가 몇 가지 있다.

첫째, 노르웨이 연기금은 노르웨이 국민의 미래를 위해 설립되었기 때문이다. 노르웨이는 석유와 천연가스에 의존하는 경제를 가지고 있으므로 이러한 자원이 고갈되거나 가격이 하락하면 국가 재정에 큰 타격을 입는다. 따라서 노르웨이 연기금은 석유와 천연가스 수익을 다양한 자산으로 분산시켜 위험을 줄이고 장기 수익을 확보하려는 목적을 가지고 있다. 또한 국내 기업에 투자하게 되면 국내 경제 상황과 연기금의 수익이 서로 상관성이 높아져 위험을 증가시킬 수 있다.

둘째, 노르웨이 연기금은 국내 시장보다 해외 시장에서 더 많은 기회와 다양성을 찾을 수 있기 때문이다. 노르웨이는 인구가 약 540만 명의 작은 나라로 주요 산업이 석유와 가스, 수산물, 선박 등에 한정되어 있어 자국 시장에서는 충분한 수익과 위험 분산을 달성하기 어렵다고 판단하고 있다. 반면 해외 시장은 인구와 경제가 훨씬 크고 다양한 산업과 기업이 존재한다. 노르웨이 연기금은 전 세계 70여 개국의 9천여 기업에 주식, 채권, 부동산 등 다양한 자산군에 투자하고 있다. 이렇게 해외 시장에 투자하면 연기금의 수익률과 안정성을 높일 수 있다.

셋째, 노르웨이 연기금은 국내에 투자하면 정치적인 영향을 받을 수 있다고 생각한다. 노르웨이 연기금은 정부로부터 독립적으로 운영되는 기관이다. 그러나 국내 기업에 투자한다면 정부와 정당의 압력을 받거나 사회 문제에 관여할 수 있다. 해외에만 투자함으로써 이런 문제의 소지를 예방할 수 있다.

보험연구원의 보고서 '퇴직연금의 원리금보장형 편중 원인과 시사점'에 따르면 연금 상품의 수익률이 낮은 이유가 실적배당형 상품보다 원리금보장형 상품을 선호하기 때문이라고 한다. 우리나라 퇴직연금 적립금 중 원리금보장형 비중은 80~90%이다.

2012년부터 2016년까지 우리나라 퇴직연금의 5년 평균 수익률은 3.2%로 미국의 5.6%, 영국의 7.1%, 호주의 8.4% 비해 매우 낮다. 미국, 영국, 호주의 경우 적립금 중 40% 이상을 주식에 투자하고 있다. 주식 비중이 채권 비중보다 높고 예적금 비율은 매우 낮다. 또한 각국

**표18 ● 미국, 영국, 호주의 퇴직연금 수익률**(단위:%, 출처 : 보험연구원 )

| 연도 | 미국 | 영국 | 호주 | 한국 |
|------|------|------|------|------|
| 2012 | 7.0 | 11.8 | 10.7 | 4.8 |
| 2013 | 12.9 | 7.5 | 12.4 | 3.8 |
| 2014 | 4.4 | 5.7 | 7.4 | 3.2 |
| 2015 | -0.4 | 3.2 | 4.7 | 2.6 |
| 2016 | 4.1 | - | 6.6 | 1.4 |
| 평균 | 5.6 | 7.1 | 8.4 | 3.2 |

의 주식 중 해외 비중이 각각 33%, 64%, 53%에 달한다. 이런 자산배분의 결과로 연금 수익률이 큰 차이가 나는 것이다.

개인 투자자 역시 연기금과 마찬가지로 해외 투자를 통해 투자 대상을 다변화할 필요가 있다. 그런데 대부분의 투자자는 자신의 나라에 먼저 투자하려는 국내 투자 성향이 강하다. 자신이 살고 있는 곳이니 누구보다 잘 알고 있다는 생각 때문에 가장 먼저 떠올리는 투자 '범주'가 국내다. 시카고 대학의 연구는 사람들이 위험보다 모호성(불확실성)을 더 싫어하는 '모호성 회피' 성향 때문에 국내 주식을 선호하는 경향이 있다고 밝혔다. 자기가 속한 나라를 잘 알고 있다는 편향에 빠져 있

**표19 ● 미국, 영국, 호주의 퇴직연금 자산 포트폴리오**

(2016년 기준, 단위: %, 출처: UBS, 보험연구원)

| 국가 | 예 · 적금 | 국내 주식 | 해외 주식 | 국내 채권 | 해외 채권 | 부동산 | 기타 | 합계 |
|------|------|------|------|------|------|------|------|------|
| 미국 | 2 | 28 | 14 | 39 | 1 | 2 | 14 | 100 |
| 영국 | 2 | 16 | 29 | 31 | 5 | 8 | 9 | 100 |
| 호주 | 10 | 21 | 24 | 19 | 7 | 9 | 10 | 100 |

는 것이다.

자신에게 나쁜 일이 일어나지 않을 것이라는 믿음을 '낙관주의'라고 한다. 투자자는 자신의 투자에서 긍정적 성과가 생길 가능성을 지나치게 낙관하는 경향이 있다. 독일 하노버 대학에서 기관투자가와 개인자산관리자를 대상으로 한 연구는 독일의 투자자 역시 국내 주식을 선호하며 낙관주의와 관련 있음을 제시했다. 또한 로버트 쉴러Robert Shiller 등은 낙관주의 편향으로 투자자는 자국의 경제 전망을 외국인의 관점보다 더 낙관적으로 바라본다고 주장했다.

범주화와 모호성 회피, 낙관주의 편향의 결과 일반 투자자는 국내 투자를 선호한다. 우리나라 투자자의 국내 투자 성향은 어떨까?

OECD 국가의 GDP 대비 해외 주식 보유 비율은 평균 46%인데 우리나라는 10%에 불과하다. 우리나라 투자자의 국내 투자 성향이 OECD 국가의 투자자보다 훨씬 강하다는 것이다. 해외 투자 대비 국내 투자가 더 안정적이라고 생각하는 것일까? 글로벌 투자자의 입장에서 보면 한국 주식은 위험한 투자 대상에 포함된다. 한국에 투자하는 자금은 신흥국(이머징) 펀드로 분류된다. 우리도 투자하기에 위험하다고 생각하는 브라질, 러시아, 중국, 인도, 멕시코 등과 같은 수준이라는 것이다. 국제금융협회에 따르면 글로벌 펀드의 투자 포트폴리오에서 신흥국 비중은 11.7%이며 이중에서 한국의 비중은 9%이다. 즉 글로벌 자금의 한국 투자 비중은 1%밖에 안 된다. 개인 투자자인 우리보다 글로벌 투자자가 조금은 더 합리적이지 않을까? 특정 국가만을 투자의 범주로 한정하는 것은 해외에서 발생할 수익의 가능성을 놓치게 되므로 비합리적인 결정이다.

[그림21]은 우리나라를 비롯해 우리에게 친숙한 5개국의 대표 주식 시장에 2011년 말부터 2016년 말까지 5년간 투자했을 경우의 모습이다.

한국은 주가 상승이 연 3%로 지지부진했으나 나머지 나라는 연 14% 이상 상승했다. 한국에만 투자했던 투자자라면 상대적 박탈감을 느낄 수밖에 없다. 일부 국가에만 투자하는 것은 좋지 않은 방법이라는 말이다. 과거 5년간 일본이 연 20%의 상승률로 제일 좋았으니 앞으로 일본에 투자해야겠다거나 한국은 안 좋으니 국내에 투자하지 말아야겠다는 식의 판단 역시 위험하다. 미래는 예측할 수 없다. 앞의 국가들의 2016년 12월부터 2023년 3월까지의 주가 움직임은 또 다른 모습을 보였다.

앞으로는 또 다른 양상이 펼쳐질 수도 있다. 어느 나라가 올라갈지

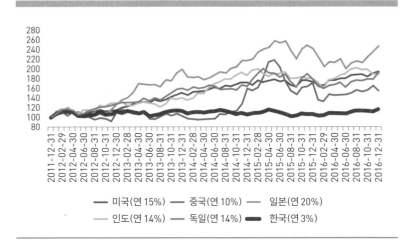

그림 21 ● 국가별 주식시장 비교 [2011.12 -2016.12]

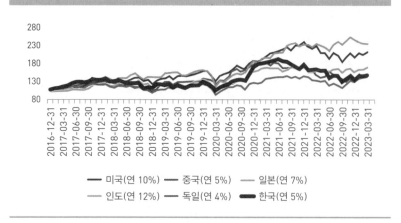

그림 22 ● 국가별 주식시장 비교 (2016.12 - 2023.3)

미국(연 10%) ── 중국(연 5%) ── 일본(연 7%)
인도(연 12%) ── 독일(연 4%) ── 한국(연 5%)

떨어질지 예측할 수는 없다. 요점은 다양한 나라에 분산해 투자해야 한다는 것이다.

해외자산에 투자하려면 먼저 생각할 것이 있다. 바로 환율이다. 해외에 있는 자산은 그 나라 통화로 거래된다. 장기수익률, 변동성, 상관관계 같은 자산의 특성뿐만 아니라 그 나라 통화와 자국 통화와의 관계, 즉 '환율'을 검토해야 한다. 환율의 움직임이 자산 가격의 움직임보다 더 중요해지기도 하기 때문이다. 환율에서 투자자가 취할 수 있는 방법은 크게 두 가지다. 환헤지와 환노출이다.

헤지란 울타리다. 늑대로부터 양을 지켜주는 그런 울타리 말이다. 투자 시장에서의 헤지란 위험에서 돈을 지키는 것을 말한다. 따라서 환헤지란 환율의 변동성을 없애고자 하는 것이다. 환헤지는 비용이 든다. 나 대신 환율의 변동성 위험을 누군가가 대신 감당해야 하는 비용이라고 보면 된다. 환헤지 비용은 이론적으로 양국 간의 금리 차이를 반영

144                          PART 2. 실전

한다.

예를 들어 금리가 5%인 나라의 투자자가 2%대 금리가 유지되는 나라의 외화 자산에 투자하면서 환헤지를 한다면 비용은 3%가 발생한다. 금융위기 시절 우리나라의 신용 위험이 급속히 상승함에 따라 원과 달러의 환헤지 비용이 연 5~15%까지 치솟은 적이 있다. 또한 브라질 등의 고금리 국가의 환헤지는 비용만 연 4~10% 혹은 그 이상의 비용이 발생하기 때문에 꼼꼼하게 검토해야 한다.

환노출이란 환율의 변동성을 없애지 않고 이용하겠다는 것이다. 환헤지를 하지 않는 것을 말한다. 헤지가 위험을 막아준다고 했는데 왜 헤지를 하지 않는 걸까?

자산배분 전략의 강점은 상관관계가 낮은 자산을 이용해 포트폴리오의 위험을 낮추는 것이라고 했다. 우리나라 자산과 달러/원 환율의 낮은 상관관계가 환노출의 이유다.

한국금융연구원의 '해외 주식 투자 환헤지에 대한 연구'에 따르면 우리나라 투자자의 환헤지 성향이 글로벌 투자자에 비해 과도하다고 지적한다. 또한 장기 투자자의 경우 환위험을 헤지하지 않는 것이 수익률과 위험 측면 모두에서 유리하다고 밝혔다. 이는 국내 주식 투자 관점에서 보면 해외 주식 및 환율과의 음의 상관관계로 인한 것이다. 해외의 연구 결과도 유사하다. 하버드 대학의 경제학 교수인 존 캠벨은 글로벌 증시와 달러화, 유로화, 스위스프랑화가 반대로 움직였음을 보였으며, 위험을 최소화하려는 주식 투자자는 환헤지를 하지 않아야 한다고 주장했다. 주가와 환율의 상관관계가 변동하기 때문에 환헤지 전략을 세우기 어렵고, 헤지 비용이 과다하게 발생할 수 있다는 점도 강조했다.

[표20]은 1999년 12월부터 2023년 3월 기간 동안 각 자산의 월별 수익률을 이용해 계산한 상관관계다. 상관관계는 1에서 -1 사이의 값으로 표현하며 이 값을 '상관계수'라고 부른다. 상관계수가 1인 자산은 같이 상승하고 하락한다. 상관계수가 -1인 자산은 하나가 올라갈 때 다른 하나가 하락하는 등 정확히 반대로 움직인다. 현실에서 상관계수가 -1인 경우는 거의 없다. 상관계수가 0에 가까운 경우는 서로 별 상관이 없다는 말이다. 다른 자산이 오르거나 말거나 상관없이 자기 길을 간다는 뜻이다. 현금이나 단기채 같은 경우가 모든 자산과 0에 가까운 상관계수를 갖는다.(-1의 상관계수를 갖는 상품으로 인버스 상품을 말하는 경우가 있는데, 인버스 상품은 시장의 하락을 예측하는 방법으로 투자하는 경우가 아니면 자산배분 포트폴리오에 운용할 경우 도움이 되지 않는다. 초보 투자자에게 추천하지 않는다)

한국은 글로벌 투자자에게 신흥국으로 분류된다. 한국 지수와 신흥국 지수의 상관계수가 0.79로 높은 이유가 그것이다. 중국이나 인도 역시 신흥국에 속하며 신흥국 지수와 상관관계가 높게 나온다. 미국은 선진국 지수(MSCI world) 시가총액의 60% 이상을 차지한다. 그래서 선진국 지수 움직임에 큰 영향을 미치고 그 결과 상관계수가 0.97로 나온 것이다. 신흥국과 선진국 지수 역시 상관계수는 0.82로 높다. 글로벌 주식시장과 자주 같이 움직인다는 뜻이다. 다른 말로 글로벌 주식시장 동조화라고도 하는데 주식에만 투자하면 안 되는 이유가 이것이다. 그래서 주식 외에 다른 자산을 편입해야 한다.

한국을 비롯한 신흥국, 미국, 선진국의 주가지수와 음의 상관관계

표 20 ● 자산 간 상관관계(1999.12 -2023.3, 월별 수익률 사용)

| | 신흥국 | 한국 | 중국 | 인도 | 선진국 | 미국 | 일본 | 독일 | 미국 국채 | 한국 국채 | 현금성 자산 | 금 | 달러/ 원환율 |
|---|---|---|---|---|---|---|---|---|---|---|---|---|---|
| 신흥국 | 1.00 | 0.79 | 0.90 | 0.73 | 0.82 | 0.74 | 0.59 | 0.68 | -0.14 | 0.02 | -0.11 | 0.27 | -0.64 |
| 한국 | | 1.00 | 0.62 | 0.59 | 0.69 | 0.65 | 0.57 | 0.63 | -0.18 | -0.05 | -0.12 | 0.11 | -0.39 |
| 중국 | | | 1.00 | 0.66 | 0.76 | 0.67 | 0.56 | 0.63 | -0.12 | 0.05 | -0.01 | 0.27 | -0.61 |
| 인도 | | | | 1.00 | 0.61 | 0.54 | 0.54 | 0.54 | -0.11 | 0.03 | -0.11 | 0.17 | -0.37 |
| 선진국 | | | | | 1.00 | 0.97 | 0.69 | 0.82 | -0.18 | 0.00 | -0.19 | 0.11 | -0.54 |
| 미국 | | | | | | 1.00 | 0.64 | 0.80 | -0.20 | 0.00 | -0.20 | 0.04 | -0.48 |
| 일본 | | | | | | | 1.00 | 0.61 | -0.27 | -0.18 | -0.21 | -0.10 | -0.30 |
| 독일 | | | | | | | | 1.00 | -0.31 | -0.10 | -0.13 | -0.06 | -0.35 |
| 미국 국채 | | | | | | | | | 1.00 | 0.47 | 0.25 | 0.28 | -0.07 |
| 한국 국채 | | | | | | | | | | 1.00 | 0.33 | 0.17 | -0.27 |
| 현금성 자산 | | | | | | | | | | | 1.00 | 0.05 | 0.04 |
| 금 | | | | | | | | | | | | 1.00 | -0.22 |
| 달러/ 원환율 | | | | | | | | | | | | | 1.00 |

를 보이는 자산은 달러/원 환율과 미국 국채 등이다. 주식시장이 급격히 하락할 때 달러/원 환율이 급등하는 현상은 자주 목격된다. 시장이 위태로우면 달러를 찾는 이가 많아지기 때문이다. 미국 국채 역시 비슷한데 주가가 급락하면 신용도가 높고 유동성이 큰 미국 국채로 돈이 몰려 국채 가격이 오른다. 음의 상관관계를 갖는 자산을 편입하는 것은 포트폴리오의 위험을 크게 낮춰준다.

**대체투자**

연기금이나 펀드 등 기관투자가의 주요 투자 대상은 아주 오랫동안 주식과 채권이었다. 이 두 자산을 '전통적인 투자 자산'으로 분류한다. 대체투자 자산은 이들 전통적인 투자 자산을 '대체'한다는 의미로 주식, 채권 이외의 투자 자산을 말한다. 금, 원유 같은 원자재 혹은 부동산, 농산물, 헤지펀드 등 다른 모든 투자 자산이 대체투자 자산이라 할 수 있다. 이들 대체투자 자산의 중요성은 전통적인 투자 자산인 주식, 채권과의 다른 움직임이다. 그들과의 낮은 상관관계를 보임으로써 포트폴리오의 위험성을 낮출 수 있다. 또한 주식, 채권 모두 수익이 안 좋을 때 대체투자 자산의 가격이 올라서 포트폴리오의 수익성에도 도움이 될 수 있다.

대체투자 자산 중 가장 알려진 것은 금이 아닐까? 금 투자에는 찬성과 반대로 나뉘는 경우가 많다.

워런 버핏은 '금에 투자하는 것은 어리석은 행동'이라며 반대했다. 반면 앨런 그린스펀 미연방준비제도이사회FRB 전 의장은 미 상원 은행위원회 연설에서 '금은 세계에서 여전히 최후의 지불 수단이다. 최악의 경우 신용화폐가 거부되는 경우에도 금은 여전히 사용 가능할 것'이라고 말했다. 미국의 경제 대통령으로 불렸던 그는 2014년 10월 미국의 양적완화에 부정적인 평가와 함께 금의 투자 가치를 높게 평가했다.

마리오 드라기Mario Draghi 유럽중앙은행ECB 전 총재는 중앙은행에게 금은 유용한 안전자산이며 국가 차원에서도 마찬가지라며 '미국 외 다른 국가의 경우 금은 달러 변동성에 대비한 좋은 헤지 수단이 될 수 있다'고 강조한 바 있다.

2011년 노벨경제학상 수상자인 로버트 졸릭Robert Zoellick 세계은행 총재는 '비록 교과서에서는 금을 낡은 통화로 볼지 모르지만 오늘날 시장은 여전히 금을 대체 통화 자산으로 사용한다'고 말했다.

금은 실물자산의 하나로 인플레이션 헤지 수단이라는 주장도 있으나 동의하기 어렵다. 금 가격에서 물가상승률을 뺀 실질 가격의 추이를 봤을 때 2000년부터 약 10년간은 올랐다고 볼 수 있으나 1970년대 말과 비교하면 올랐다고 보기 어렵다. 금은 단순한 상품이 아니다. 중앙은행의 간섭과 정치경제적인 이슈가 금의 움직임에 많은 영향을 미친다. 단순히 인플레이션 헤지 수단으로 생각하고 투자하는 것은 위험할 수 있다.

마리오 드라기 총재의 말처럼 달러 변동성에 대비한 헤지 수단으로서는 어떨까?

**그림 23 ● 실질 금 가격 추이(1969.12 -2023.3)**

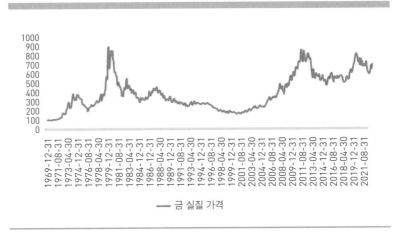

출처: 세인트루이스연준 등

[그림24]는 1973년부터 2023년 3월까지 달러 지수와 금 가격의 움직임을 보여준다. 서로 반대 방향으로 움직인다는 것을 눈으로 확인할 수 있다. [그림25]는 달러와 금의 월별 수익률로 계산한 연단위 상관관계다. 상관관계가 마이너스에 가 있는 경우가 훨씬 많음을 알 수 있는데 상관계수의 평균값은 마이너스 0.25였다. 즉 금 가격의 움직임은 달러와 음의 상관관계를 갖고 있음을 알 수 있고, 포트폴리오에 있는 달러 자산의 변동성을 줄여줄 수 있음을 예상할 수 있다.

금과 다른 자산과의 상관관계는 어떨까?

1999년 12월부터 2023년 3월까지 금은 달러/원 환율과 -0.22로 음의 상관관계를 보였다. 뿐만 아니라 여러 나라 주식이나 국채와도 매우 낮은 상관관계를 가졌음을 알 수 있다. 여러 자산과 금의 낮은 상관관계는 포트폴리오의 위험을 낮추는 효과를 기대할 수 있다.

그림 24 ● 달러 지수와 금 가격의 장기 추이(1973.1~2023.3)

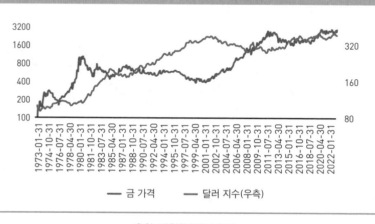

출처: 세인트루이스연준

그림 25 ● 달러 지수와 금 가격의 상관관계 추이(1973.1 -2023.3)

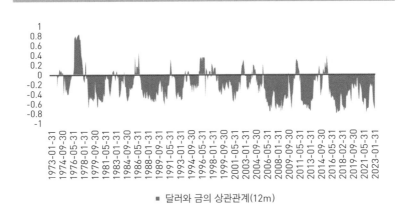

● 달러와 금의 상관관계(12m)

### 현금성자산

현금성자산이란 현금과 같은 높은 유동성을 갖고 있는 투자 자산을 말한다. 유동성이 높다는 건 입출금이 편하다는 말이다. 다만 현금으로 보유할 경우 물가상승률을 따라가지 못하는, 눈치 챌 수 없는 손실이 꾸준히 생길 수 있다. 따라서 현금처럼 유동성이 높으면서도 작더라도 수익을 주는 상품을 이용해야 한다.

2021년 9월 "헤지펀드 대부의 충고 '현금은 쓰레기, 자산으로 보유 말라'"라는 기사가 〈머니투데이〉지에서 나왔다. 세계 최대 헤지펀드

표 21 ● 금과 다른 자산의 상관관계(1999.12 -2023.3)

| 신흥국 | 한국 | 중국 | 인도 | 선진국 | 미국 | 일본 | 독일 | 미국 국채 | 한국 국채 | 현금성 자산 | 달러/ 원환율 |
|---|---|---|---|---|---|---|---|---|---|---|---|
| 0.27 | 0.11 | 0.27 | 0.17 | 0.11 | 0.04 | -0.10 | -0.06 | 0.28 | 0.17 | 0.05 | -0.22 |

인 브리지워터의 창업자 레이 달리오가 언론에서 '현금은 쓰레기(Cash Trash)'라는 말을 했고 이를 인용한 기사가 나왔던 것이다. 그는 2020년 4월에도 '현금은 금, 주식과 같은 다른 자산과 비교하면 쓰레기'라고 표현했다. 또 현금에 비해 다른 자산은 리플레이션(점진적 물가 상승) 시기에 가치를 유지하거나 높일 수 있다고 얘기했다. 그가 '현금은 쓰레기'라고 말한 의미가 여유 자금 (혹은 투자 자산)을 모두 현금만으로 들고 있지 마라는 의미로 해석한다면 어느 정도 동의할 수 있지만 현금이 쓰레기라고 생각하지는 않는다.

현금성자산은 포트폴리오에서 여러 가지로 의미가 있다. 한 가지 이유는 주식, 국채 등 대부분의 자산이 하락하는 시기에 현금성자산이 포트폴리오를 지켜주고 저렴해진 자산들을 저가 매수할 기회를 주기 때문이다. 예를 들어 코로나19 대유행 시기였던 2020년 3월 대부분의 자산 가격이 단기간에 동시에 급격히 하락했다. 원유는 -46%, 미국 리츠 -38%, 미국 주식 -27%, 한국 주식 -25%, 금 -15% 등이었고, 한국 국채 역시 -3%의 하락을 보였다. 이때 현금성자산은 쓰레기가 아닌 구세주가 되었다. 또 다른 경우는 2022년으로 전 세계적으로 주식과 국채가 동시에 하락했던 사례다. 2022년 연초 이후 9월 말까지 미국 주식과 국채는 각각 -24%, -13% 하락했고, 한국 주식과 국채 역시 -28%, -12% 하락했다. 더욱이 러시아-우크라이나 전쟁 등의 이유로 전 세계가 높은 인플레이션으로 고통받았고, 물가를 잡기 위해 각국의 중앙은행들이 금리를 높였다. 투자자에게는 악재가 겹친 기간이었다. 현금성자산은 단기 금리의 영향을 받기 때문에 중앙은행의 기준금리와 상관관계가 매우 높다. 현금성자산(CD금리)의 수익률은

2021년 0.77%였는 데 반해 2022년에는 2.22%로 3배가량 높아지며 포트폴리오에 더없이 도움을 주었다.

현금성자산의 또 다른 용도는 투자자가 감당할 수 있는 위험 수준에 맞춰 포트폴리오의 위험도를 조절해줄 수 있다는 점이다. 이는 노벨 경제학상 수상자인 제임스 토빈James Tobin이 만든 '토빈의 분리정리Tobin's separation theorem'를 적용한 것이다. 토빈의 분리정리를 요약하면 위험자산으로 구성되는 포트폴리오는 투자자의 위험 회피도와 무관하게 결정되기 때문에 최적의 포트폴리오는 하나이고, 이 포트폴리오와 현금 (혹은 현금성자산) 비중을 조절하여 위험 성향에 맞추면 된다는 내용이다. 구체적인 적용 방법은 다음 장에서 K-올웨더 포트폴리오를 구성하는 방법을 설명하며 안내하겠다.

### 장기 목표 비중 설정

자산별 '장기 목표 비중'을 미리 결정하는 것은 투자의 성격을 분명히 하고, 극단적인 자산배분으로 인한 실패 가능성을 막아준다.

투자자별로 투자 성향은 다양하다. 높은 수익률을 위해서라면 높은 위험(변동성)도 상관없다고 생각하는 공격적 성향의 투자자가 있는가 하면, 물가상승률을 초과하는 정도의 수익률에 만족하며 안전하게 포트폴리오를 운용하고자 하는 방어적 성향의 투자자도 있다.

문제는 투자자의 투자 성향이 시장 상황이나 심리 상태에 따라 달라진다는 것이다. 전반적인 경기 여건이 좋아지고 주식 수익률이 높아지면 투자자의 성향은 공격적으로 변한다. 수익이 많이 나는 주식에 더 많은 비중을 투자하고 싶어 현금이나 채권 같은 안전한 자산에서 돈을 빼 주식을 추가 매수한다. 이렇게 극단적으로 배분 비율을 변경하면 포트폴리오의 위험이 높아진다. 어느 순간 주식이 폭락하면 대부분의 비중이 주식으로 채워졌던 포트폴리오 역시 크게 손실이 난다. 손실로 인해 투자자는 주식을 멀리하게 되고 심리적인 이유로 투자 성향 역시 보수적이고 안정적으로 바뀐다. 하락한 주식에서 돈을 찾아 채권과 현금으로 투자금을 옮긴다. 그런데 이 순간이 주식에 투자해야 할 순간이었던 것이다. 결국 다시 상승하는 주식을 보며 투자자는 자신의 포트폴리오에 주식 비중이 없다는 점을 떠올리고 후회한다.

이런 상황을 사전에 막기 위한 행동장치로 장기 목표 비중을 정하고 이를 지켜야 하는 것이다. 그렇다면 최적의 자산배분 비중은 얼마일까? 오랫동안 자산배분으로 자금을 운용해온 연기금의 자산배분 비중에서 힌트를 찾아보자.

### 연기금의 자산배분 비중

국회예산정책처가 2019년 발표한 '국민연금기금의 자산배분 및 수익률 국내외 비교' 자료에 따르면 연기금별로 자산 간 투자 비중이 다르다. 4대 연기금 중에서 주식 비중은 사학연금이 39.8%로 가장 크고, 채권 비중은 국민연금이 52.9%로 가장 크다. 해외 투자 비중은 행정공제회가 45.9%로 가장 크다.

국가별로도 다양한 연기금이 있다. 자산 크기 순으로는 일본의 공적연금펀드GPIF(1,645조 원), 노르웨이의 국부펀드GPFG(1,130조 원), 우리나라의 국민연금NPS(638조 원) 등이 있다. 연기금별 자산배분 현황을 보면 미국CalPERS, 캐나다CPPIB, 노르웨이GPFG는 자산 구성 항목 중 주

표 22 ● 4대 연기금과 주요 공제회 기금의 자산배분 비중 현황

(2018년 기준, 단위: %, 출처 : 국회예산정책처)

| 구분 | | 4대 연기금 | | | | 주요 공제회 기금 | | | | |
|---|---|---|---|---|---|---|---|---|---|---|
| | | 국민 | 공무원 | 군인 | 사학 | 행정 | 교직원 | 군인 | 건설 근로자 | 경찰 |
| 자산 배분 비중 | 주식 | 34.8 | 33.6 | 12.6 | 39.8 | 17.0 | 14.6 | 17.0 | 12.5 | 5.4 |
| | 채권 | 52.9 | 46.9 | 45.5 | 41.4 | 12.7 | 28.7 | 16.9 | 60.8 | 39.7 |
| | 대체 투자 | 12.0 | 19.5 | 1.3 | 17.2 | 65.0 | 56.7 | 66.1 | 19.7 | 48.5 |
| 해외 투자 비중 | | 30.1 | 17.6 | 8.8 | 27.0 | 45.9 | 42.0 | 33.3 | 19.7 | 37.5 |
| 자산 규모 (조 원) | | 638 | 7.8 | 1.0 | 16.5 | 10.9 | 26.2 | 7.6 | 3.7 | 2.6 |

식 비중(56% 이상)이 상대적으로 높다. 반면 한국NPS의 경우 채권 비중 (52.9%)이 높으며, 해외 투자 비중은 30.1%로 다른 연기금에 비해 낮은 편이다.(미국CalPERS의 경우 자국 시장의 크기가 커서 해외 투자 비중이 작은 것으로 보이며, 노르웨이GPFG는 100% 해외에 투자한다)

과연 이 가운데 어떤 투자 비중이 가장 좋은 걸까? 성과가 높으면 더 좋은 자산배분일까? 2023년 3월에 보건복지부가 발표한 자료에 따르면 최근 15년간 성과는 캐나다가 연 7.6%로 가장 좋았으며, 노르웨이, 네덜란드, 한국이 그 다음인 5% 수준의 수익률을 보였다. 하지만 최근 3년의 성과를 보면 네덜란드는 마이너스 0.7%였고, 노르웨이는 2.9%로 한국(3.7%)보다 낮았다. 이 기간에는 일본이 4.3%로 준수한 성적을 보였다. 결국 수익률을 기준으로 결국 어떤 자산배분 비중이 가장 우수하다고 결론짓기는 어렵다. 최적의 비중을 찾는 일은 성배를 찾는

표 23 ● 주요국 연기금의 자산배분 현황(2018년 기준, 단위: %, 출처: 국회예산정책처)

| 국가<br>(기금명) | | 한국<br>(NPS) | 일본<br>(GPIF) | 미국<br>(CalPERS) | 캐나다<br>(CPPIB) | 네덜란드<br>(ABP) | 노르웨이<br>(GPFG) |
|---|---|---|---|---|---|---|---|
| 자산<br>배분<br>비중 | 주식 | 34.8 | 48.0 | 56.6 | 59.1 | 33.3 | 66.3 |
| | 채권 | 52.9 | 45.6 | 22.5 | 21.6 | 40.2 | 30.7 |
| | 대체<br>투자 | 12.0 | - | 10.8 | 23.5 | 27.2 | 3.0 |
| | 기타 | 0.3 | 6.4 | 10.1 | -4.2 | - | - |
| 대체 투자 비중 | | 12 | (0.21) | 10.8 | 23.5 | 27.2 | 3.0 |
| 해외 투자 비중 | | 30.1 | 41.7 | 26.8 | 84.9 | - | (100.0) |
| 자산 규모<br>(원화 기준,조 원) | | 638 | 1,645 | 428 | 326 | 532 | 1,130 |

것처럼 불가능의 영역일 가능성이 높다.

윌리엄 번스타인은 그의 책 〈현명한 자산배분 투자자The intelligent asset allocator〉에서 "꾸준히 자산배분 정책을 해나가는 것이 '최고의' 배분을 찾아 헤매는 것보다 훨씬 중요하다"고 얘기한다. 또한 미래를 예측할 수 없기 때문에 미래를 위해 가장 좋은 자산배분이 어떤 것인지 미리 알아내는 것은 불가능하며, 오히려 광범위한 상황에서 꽤 잘 움직일 배분을 찾는 것이 맞다고 말한다. 나 역시 번스타인의 의견에 동의한다. '최고' 혹은 '최적'의 배분 비중을 찾는 것은 불가능하다. 오히려 다양한 시장 상황에 휩쓸리지 않는 '견고한robust' 비중으로 배분하고, 그 원칙을 꾸준히 유지하는 것이 훨씬 더 중요하다.

표 24 ●주요국 연기금 기간별 평균 수익률 현황(단위: %, 출처: 보건복지부)

| 국가<br>(기금명) | 일본<br>(GPIF) | 캐나다<br>(CPPIB) | 한국<br>(NPS) | 노르웨이<br>(GPFG) | 네덜란드<br>(ABP) |
|---|---|---|---|---|---|
| 2022년 | -4.8 | -5 | -8.3 | -14 | -18 |
| 최근 3년 | 4.3 | 6.6 | 3.7 | 2.9 | -0.7 |
| 최근 5년 | 3.3 | 8.1 | 4.2 | 4.2 | 2.2 |
| 최근 7년 | 4.2 | 8 | 4.7 | 5.9 | 4 |
| 최근 10년 | 5.7 | 10 | 4.7 | 6.7 | 5.1 |
| 최근 15년<br>('08~'22) | 3.8 | 7.6 | 5.1 | 5.5 | 5.1 |

## '100-나이'만큼 위험자산에 넣어라?

주식과 같은 위험자산과 예금, 채권 같은 안전자산 간의 배분 비율은 어느 정도가 적당할까?

많이 알려진 방법 중 하나가 투자자의 나이를 이용하는 것이다. 사람의 수명이 100세라 치고 '100-나이'만큼을 위험자산에 투자하는 것이다. 투자자의 나이가 40세라면 100-40=60. 즉 60%의 자산을 위험자산에, 나머지 40%를 안전자산에 배분하라는 것이다. 나이가 많아질수록 위험자산 비중이 줄어드는 이 방법은 '젊을 때 실패하더라도 다시 일어날 시간이 많다'는 논리에 근거한 것이다. 노년에 위험한 자산에 투자해 실패하면 다시 일을 하거나 돈을 모으지 못해 곤궁한 노년을 보낼 수밖에 없으므로 나름 설득력이 있다. 단순한 만큼 이해도 쉽다.

하지만 갓 취업한 30세의 투자 경험이 전무한 청년이 자산의 70%

를 위험자산에 투자하는 게 나을까? 아니면 투자 경력 30년인 60세의 은퇴자가 위험자산에 70%를 투자하는 게 나을까? 아마도 투자 경력이 많고 투자에 많은 시간을 쏟을 수 있는 은퇴자의 위험자산 투자가 더 나은 결과를 가져오지 않을까?

나이를 이용해 비중을 결정하는 또 다른 방법은 수명주기 모델이 있다. 연령을 기준으로 청년 저축자, 중년 축적자, 초기 은퇴자, 노년 은퇴자의 4단계로 나눈다.

청년 저축자는 20~39세로 직장생활 초기 단계의 투자자다. 자산은 적지만 저축 계획이 의욕적이다. 가능한 범위에서 최대한 공격적인 자산배분이 필요하다. 중년 축적자는 40~59세로 직장생활과 가정생활이 안정된 투자자다. 주택 등 많은 자산을 축적했고 자녀도 있다. 현재 자신의 위치는 물론 미래 계획도 명확하게 파악한다. 50대 후반에 접어들면 위험자산 비중을 줄이기 시작한다. 초기 은퇴자는 60~75세로 은퇴 무렵이거나 은퇴생활을 즐기는 사람이다. 자산 축적이 둔화하고 자산 소비가 시작되는 단계다. 자산배분에서 처음으로 현금이 필요해진다. 노년 은퇴자는 76세 이상으로 은퇴생활에서 활기가 감소한다. 장기요양이나 부동산 정리 등 다양한 현금 수요가 발생한다. 자녀 등 가족과 함께 재산 문제를 결정하게 된다.

수명주기 모델은 각 단계에 걸쳐 위험자산의 비중을 점차 줄이고 안전자산의 비중을 늘리도록 가이드한다.

나이를 기준으로 하는 자산배분 결정 방법에는 중요한 단점이 있다. 투자자의 투자 성향을 반영할 수 없다는 것이다. 같은 40세의 투자자라 하더라도 공격적인 성향을 갖고 있을 수도 안정적인 성향을 갖고

표 25 ● **수명주기 모델의 예**

| 구분 | 청년 저축자 | 중년 축적자 | 초기 은퇴자 | 노년 은퇴자 |
|---|---|---|---|---|
| 주식(위험자산) | 80% | 60% | 50% | 40% |
| 채권(안전자산) | 20% | 40% | 45% | 55% |
| 현금성자산 | 0% | 0% | 5% | 5% |

있을 수도 있다.

이 책에서 초보 투자자와 개인 투자자에게 추천하는 방법은 자산배분 비중을 단순하게 시작하라는 것이다. 다음 장부터 ISA, 연금저축펀드, 퇴직연금 IRP 각 계좌의 특성에 맞는 상품과 상품별 자산배분 비중을 추천할 것이다. 투자 성향은 3가지로 나눈다. 성장형 투자자, 중립형 투자자, 안정형 투자자다. 각각의 비중을 제시할 것이니 참고하기 바란다.

자신의 투자 성향을 잘 모르겠다면 중립형으로 시작하는 것도 괜찮다. 그런 다음 자신이 투자한 자산의 수익과 손실을 관찰하고, 투자 결과의 합인 전체 포트폴리오의 성과를 점검하면서 자신의 마음을 들여다보는 것이다. 수개월, 수년의 투자를 하며 시장의 부침을 겪은 뒤에야 비로소 본인의 투자 성향이 파악될 것이다. 그때 가서 성장형 혹은 안정형 등으로 바꿔도 늦지 않다.

참고로 다음 장부터 제시하는 자산배분 안에 대해 이런 자산배분이 최선인가 하는 질문이 나올 수 있다. 다시 반복하지만 누구도 최적이라고 주장할 수 있는 자산배분 비중을 갖고 있지 않다. 학계나 실무의 많은 전문가가 최적의 자산배분을 연구하고 있으나 아직까지 월등히

뛰어난 승자는 없다. 어떤 시장 상황에서는 이 방법이 성과가 좋고, 또 어떤 시장 상황에서는 저 방법이 잘 맞는다.

중요한 건 자산을 배분했다는 점이다. 그것만으로도 포트폴리오는 안전해진다. 남은 것은 정한 원칙을 꾸준히 지켜나가는 것이다. 아무리 좋은 투자 전략도 실천하기 어렵다면 다시 생각해야 한다.

### 자산재분배 기준 점의

투자 격언 중 가장 중요한 문장을 뽑으라면 '쌀 때 사서 비쌀 때 팔아라'가 아닐까 한다. 최저점에 사서 최고점에 파는 건 어려우니 '무릎에 사서 어깨에 팔아라'라는 말도 있다. 두 문장 모두 누가 봐도 바로 이해할 수 있는 말이다. 하지만 누구나 쉽게 할 수 있는 일은 아니다. 아니 대다수 투자자가 어려워하는 문제다. 오죽하면 이런 말도 있겠는가? '매수는 기술! 매도는 예술!'

### 자산배분 투자 전략의 핵심은 자산재분배

자산배분 전략은 투자에서 매수와 매도 타이밍의 고민을 덜어준다. 최고의 매매 타이밍을 찾아준다는 뜻이 아니라 적절한 수준에서 매매할 수 있게 해준다는 말이다. 자산배분 전략에서 매매 타이밍을 대체하는 부분을 '리밸런싱rebalancing', 우리말로 (자산)재분배라고 한다. 초기에 투자했던 자산별 투자 비중은 자산 가격 등락에 따라 변한다. 이때 비중이 높아진 자산을 일부 팔아 비중이 줄어든 자산을 사는 것이다. '포트폴리오 내에서 상대적으로' 비싼 자산을 팔고 싼 자산을 구입하니 무릎에 사서 어깨에 파는 모양새가 된다.

자산배분 전략의 투자 대상으로 장기적으로 우상향하는 자산이 좋다고 했다. 시간의 경과에 따라 가격이 올라가겠지만 가격이 올라가는 순서가 정해져 있지는 않다. 어느 때는 주식이 많이 오르고, 어느 때는 채권이나 금 등 다른 자산이 오르기도 한다. 절대적인 기준에서 자산 가격이 싸다, 비싸다를 말하기는 쉽지 않다. 하지만 상대적으로 싸고 비싼지는 비교가 가능하다. 상대적으로 비싼 것을 일부 팔고, 그 돈으로 상대적으로 싼 것을 사는 것이다. 투자 자산의 가격 변동성은 투자자에게 위험으로 인식된다. 자산배분 전략에서의 자산재분배는 이런 변동성을 우리의 친구로 만들어준다.

자산재분배가 어떤 효과가 있는지 간단한 사례를 통해 알아보자.

[표26]은 원화와 달러화에 단순히 반반 넣어뒀을 때 환율의 변동에 따른 포트폴리오 자산 가치 변화를 보여준다. 원금 1,000만 원으로 시작했을 때 처음 500만 원을 달러로 환전한다. 환율이 달러당 1,000원이니 5,000달러가 생기고 나머지 금액 500만 원이 있다. 1개월 후에 환율이 1,100원으로 상승했다. 5,000달러의 원화 환산 가치는 550만 원(=5,000달러×1,100원/달러)이 되고, 원화 500만 원과 합하면 포트폴리오의 잔고 가치는 1,050만 원이 된다. 이제 달러가 원화보다 50만 원이 많아졌으니 절반인 25만 원을 원화 쪽으로 옮긴다. 원화 가치가 상승한 달러를 25만 원어치(227달러) 팔아 원화로 환전한다. 포트폴리오 내에서 상대적으로 비싸진(비중이 커진) 달러를 팔고 원화를 산 것이다. 이제 포트폴리오에서의 잔고는 원화 525만 원, 달러 4,773달러(환율1,100원 기준 525만 원)로 50%씩 리밸런싱되었다.

다음 달엔 환율이 900원으로 하락했고, 보유 중인 4,773달러의 원화 환산 가치가 430만 원(=4773달러×900원/달러)으로 변했다. 원화 잔고가 525만 원으로 달러 잔고보다 크니 차이 나는 금액 95만 원의 절반인 원화 48만 원을 달러로 환전한다. 환율이 900원이니 원화 48만 원은 약 530달러가 되어 총 달러 자산은 5,303달러가 됐다. 3개월 후 환율은 달러당 1,000원이 됐다. 이때 5,303달러의 원화 환산 가치는 530만 원이 되고, 원화 477만 원과 합한 포트폴리오의 잔고는 1,008만 원이 된다.(소수점 계산으로 끝자리가 일부 맞지 않음)

3개월간 달러 환율은 처음 1,000원에서 상승과 하락을 거쳐 다시 원래의 1,000원으로 돌아왔다. 단순히 원화와 달러 간의 리밸런싱만으로 포트폴리오의 잔고는 8만 원이 증가한 것이다. 리밸런싱의 효과가 이런 것이다. 환율의 변동성을 내 편으로 만든 것이다.

만약 변동성이 크다면 어땠을까?

[표27]은 위의 사례에서 환율 변동의 크기를 달리했을 때를 계산한 것이다. 환율 변동의 크기가 50원일 때 포트폴리오의 잔고는 1,002만 원이 된다. 2만 원의 자산 증가가 발생했다. 환율 변동성이 커짐에 따

표 26 ● **원화와 달러화 포트폴리오 리밸런싱 사례** [단위: 만 원]

|  | 초기 투자 | 1개월 후 | 재분배 | 2개월 후 | 재분배 | 3개월 후 | 재분배 |
|---|---|---|---|---|---|---|---|
| 달러/원 환율 | 1,000 | 1,100 | 1,100 | 900 | 900 | 1,000 | 1,000 |
| 한국 통화 | 500만 원 | 500 | 525 | 525 | 477 | 477 | 504 |
| 미국 통화 | 5,000달러 | 5,000 | 4,773 | 4,773 | 5,303 | 5,303 | 5,038 |
| (원화 환산 가치) | (500만 원) | -550 | -525 | -430 | -477 | -530 | -504 |
| 자산 합(원화 기준) | 1,000만 원 | 1,050 | 1,050 | 955 | 955 | 1,008 | 1,008 |

라 포트폴리오의 잔고가 커지는 것을 알 수 있다. 환율 변동이 가장 큰 경우 포트폴리오의 잔고는 4,197만 원이나 된다. 어느 경우든 변동성이 내 편이 되는 것이다. 물론 현실에서 이렇게 큰 환율 변동이 발생할 가능성은 거의 없다. 또한 이 사례는 환전 비용 등을 전혀 감안하지 않았다. 리밸런싱의 중요성을 설명하기 위함이었으니 이런 식의 투자를 권하지는 않는다.

### 최적의 재분배 기간은?

자산재분배가 중요한 이유를 알아보았다. 그렇다면 얼마나 자주 재분배해야 하는가? 한 달, 분기, 혹은 1년?

자산재분배에서 반드시 생각해야 할 것이 '거래 비용'이다. 자산을 재분배한다는 것은 일부를 팔고 사는 것이다. 사고팔 때 거래 수수료 등의 비용이 든다. 자산재분배를 통해 얻을 수 있는 이익보다 더 비싼 비용을 물어야 할 수도 있다. 그래서 너무 자주 재분배하는 것은 오히려 독이 된다. 자산 가격의 움직임은 시장이 주는 '신호'일 수 있다. 반

표 27 ● 원화와 달러화 포트폴리오 리밸런싱 사례: 변동성에 따른 차이 [단위: 만 원]

| 변동 크기 | 초기 투자 | 1개월 후 | 재분배 | 2개월 후 | 재분배 | 3개월 후 | 재분배 | 달러화:원화 포트폴리오 |
|---|---|---|---|---|---|---|---|---|
| 50원 | 1,000 | 1,050 | 1,050 | 950 | 950 | 1,000 | 1,000 | **1,002** |
| 100원 | 1,000 | 1,100 | 1,100 | 900 | 900 | 1,000 | 1,000 | **1,008** |
| 200원 | 1,000 | 1,200 | 1,200 | 800 | 800 | 1,000 | 1,000 | **1,031** |
| 500원 | 1,000 | 1,500 | 1,500 | 500 | 500 | 1,000 | 1,000 | **1,250** |
| 900원 | 1,000 | 1,900 | 1,900 | 100 | 100 | 1,000 | 1,000 | **4,197** |

면 매 분, 매 시간의 가격 움직임은 '소음'에 가까울 수 있다. 신호는 투자에 유익함을 주지만 소음은 과도한 거래 비용과 피곤함만을 준다. 신호와 소음을 구분하기는 쉽지 않다.

JP모건자산운용의 CEO인 매리 어도스Mary Erdoes는 "자산재분배는 매우 강력한 도구이기 때문에 '항상' 한다"고 말한다. 반대로 프린스턴 대학 경제학 교수인 버튼 맬킬Burton Malkiel은 1년에 한 번만 포트폴리오를 재분배하라고 한다.

매일 혹은 매주 재분배를 하면 거래 비용이 과다해지는 단점이 있다. 반대로 재분배 기간이 1년 혹은 그 이상으로 너무 길면 단기적인 저가 매수, 고가 매도 시점인 시장의 변동성을 이용하지 못할 수 있다. 투자가 직업이 아닌 이들을 위해 한 달 혹은 분기에 한 번 정도는 계좌를 확인하고 재분배하기를 권한다.

### 투자금을 추가하는 방법

여윳돈이 생겨 투자금을 추가 납입하거나 내년에 연금저축, IRP에 세액공제 받기 위해 자금을 추가할 경우 리밸런싱하는 방법은 간단하다.

[표28]과 같은 자산배분 포트폴리오가 있다고 하자. 목표 보유 비중은 A에 30%, B에 20%, C에 50%이다. 초기(7월31일)에 1,000만 원을 투자 비중에 맞춰 투자했다. A를 300만 원어치 매수하고 B와 C도 각각 200만 원, 500만 원 매수했다. 한 달 후 월급날 계좌를 확인해보니 A와 B는 주가가 올라 각 350만 원, 230만 원이 됐다. C는 주가 하락으로 470만 원으로 총 잔고는 1,050만 원이 됐다.

이때 100만 원의 여윳돈이 생겨서 추가로 투자하기로 했다. 전체 투

표 28 ● 리밸런싱할 때 투자금을 추가하거나 감액하는 방법

| ETF | 목표 보유 비중 | 초기 투자 (7월 31일) | 한 달 후 (8월 30일) | 목표 보유 금액 | 매수(+)매도(-) |
|---|---|---|---|---|---|
| A | 30% | 300 | 350 | 345 | -5 |
| B | 20% | 200 | 230 | 230 | 0 |
| C | 50% | 500 | 470 | 575 | +105 |
| 합계 | | 1,000 | 1,050 | 1,150 | |

자 금액은 잔고 1,050만 원에 추가 납입할 100만 원을 합해 1,150만 원이 된다. 투자금 총액인 1,150만 원을 기준으로 목표 보유 금액을 계산한다. A에 30%의 비중을 가져가기로 했으므로 345만 원(=1,150만 원×30%)이 목표 보유 금액이 된다.

8월 30일 기준 A의 평가액이 350만 원이므로 목표 보유 금액을 초과했다. 목표를 맞추기 위해서 5만 원만큼 매도하면 된다. B의 경우 8월 30일 잔고가 230만 원인데 목표 비중도 230만 원이다. 이 경우 별도의 매매가 필요하지 않다. 마지막으로 C의 경우 목표 보유 금액(575만 원)과 8월 30일 기준 평가액(470만 원)의 차이인 105만 원만큼을 매수한다. 주식 계좌에 납입한 100만 원과 A를 매도해 생긴 5만 원을 이용해 매수하는 것이다.

이와 같이 3개 ETF 각각 매수와 매도 금액을 계산한 뒤 다음 영업일에 매매를 진행해 자산 비중을 맞추는 것이다. 투자금을 뺄 때도 마찬가지다. 기존 투자금에서 찾아야 할 만큼을 뺀 금액을 총액으로 잡고, 자산별 목표 비중을 계산하면 자산별 매도 금액을 계산할 수 있다.

참고로 ETF 보유 금액이 정확히 200만 원이나 100만 원과 같이 딱

맞아떨어지지는 않는다. 그 이유는 ETF 가격이 1만 원 단위이거나 1원 단위가 아니기 때문이다. 보통 1~3만 원 수준이며 채권 ETF의 경우 5~10만 원 단위로 매매가 된다. 따라서 정확하게 끝자리까지 자산 비중을 맞출 수는 없다. 이런 자투리 금액은 현금으로 남겨두면 되니 참고하자. 투자금의 규모가 커지면 자투리 금액이 미미한 비율이 되지만, 투자금이 작을 경우 세세한 수준으로 투자 비중을 맞추거나 자산 재분배를 할 수 없으나 큰 문제는 없다.

### 자산배분 투자 실행

절세 계좌를 이용해 투자를 해야 하며 투자 방법으로 자산배분을 권한다는 얘기를 책 전반에 걸쳐 계속하고 있다. 그렇다면 과연 언제 시작해야 할까?

"가장 좋은 투자 시점은 바로 지금이다."

이 말은 세계 금융 투자의 중심지인 미국 월스트리트의 격언이다. 많은 사람이 투자를 망설이는 이유는 실패에 대한 두려움 때문이다. 지금보다 더 나은 타이밍이 있을 것이라는 생각, 그런 매매 타이밍을 찾아낼 수 있을 것이라는 착각 때문에 투자를 주저한다. 금융시장의 전문가들조차 쉽지 않은 타이밍 찾기를 초보 투자자가 고민한다는 것이다.

앞서 했던 연구 결과를 다시 인용하겠다. 포트폴리오 전체 수익률의 91.5%는 자산배분 정책에 따른 것이며, 종목 선택은 4.6%, 매매 타이밍은 1.8%의 영향을 미쳤다. 1.8%밖에 영향을 안 미치는 매매 타이밍에 너무 고민할 필요는 없지 않을까? 오히려 91.5%의 영향을 미치는 자산배분에 집중하는 것이 낫다.

그렇다면 아무 때나 들어가도 되나?

내일 주식이 오를지 떨어질지 알 수 있는 사람은 없다. 채권이나 부동산, 금도 마찬가지다. 세계 금융시장은 호황을 만끽하다가 어느 순간 폭락으로 돌변하고, 지옥의 나날에서 어느 순간 화려하게 다시 상승한다.

초보 투자자이자 자산배분 투자자에게 적절한 투자 시점은 바로 지금이다. 자산배분 포트폴리오의 장기 성장(우상향)을 믿고 단기 이벤트에 초연해야 한다. 오늘 당장 시작하자. 주식이 떨어진다면 채권, 달러, 혹은 금이 오르지 않겠는가. 내일 가격이 하락하더라도 장기적으로 다시 올라갈 것이다.

투자를 할 때 많은 전문가가 '분할매수'를 권한다. 분할매수란 총 투자금을 나누어서 시간을 분산해 투자하는 것이다. 예를 들면 투자금 500만 원으로 어떤 자산(주식이든 금이든)에 투자할 때 매달 100만 원씩 5개월에 걸쳐 자산을 매수하는 것이다. 이렇게 같은 금액으로 나누어 투자하는 것을 '정액적립식'이라고 부르기도 한다. 분할매수 혹은 정액적립식의 장점으로 '평균매입단가 인하 효과cost averaging effect'가 있다고 한다. 진짜일까?

자산 가격의 움직임은 다양하다. 다양한 움직임에 따라 분할매수의 효과도 다르다. 가능성에 따라 따져보자.

◆ 가격 횡보의 경우 : 가격이 하락 후 원래 가격으로 회복했을 때는 분할매수가 유리하나, 상승 후 회복했을 때는 일시매수가 유리하다.

◆ 가격 상승의 경우 : 가격이 지속 상승할 때는 일시매수가 유리하나, 하락 후 상승했을 때는 분할매수가 유리하다.

◆ 가격 하락의 경우 : 가격이 지속 하락할 때는 분할매수가 유리하나, 상승 후 하락했을 때는 일시매수가 유리하다.

어느 게 나은 방법일까? 결론적으로 둘 중에 어느 하나를 좋다 나쁘다 할 수는 없다. 분할매수의 장점으로 심리적인 안정감을 들 수 있다. 한 번에 다 넣는다는 것은 아무래도 불안하니까 말이다. 나눠서 넣는 게 만일을 대비할 수 있다는 안심을 준다. 적립식 투자 혹은 분할매수의 단점은 장기 투자 시에 효과가 떨어진다는 것이다. 투자자가 단기간(5개월)만 투자하는 경우라면 분할매수냐 일시매수냐의 차이가 발생할 수 있다. 하지만 저렇게 5개월 동안 나누어 매입했어도 6개월부터는 한 덩어리가 되어 버리는 것이다. 5년, 10년, 혹은 그 이상의 장기 투자에는 별 차이가 안 난다. 그렇다고 일 년에 100만 원씩 투자하는 것은 기회이익의 측면에서 더 손해일 수 있다. 이미 자금이 준비되어 있다면 각각의 100만 원은 자기 차례가 될 때까지 일반 통장에서 잠자고 있어야 하기 때문이다.

자산배분 투자에서는 지속적으로 자산재분배를 한다. 이때 포트폴리오 내에서 상대적으로 비싼 자산은 팔고 싼 자산을 사게 된다. 이러한 리밸런싱은 자연스레 각 자산별로 평균매입단가 인하 효과를 발생시킨다. 자동으로 분할매수 효과가 생긴다는 말이다.

자산배분 투자자에게는 일시매수가 이론적으로 맞다. 하지만 심리를 무시할 수는 없다. 자금의 크기가 수천, 수억에 이르면 더욱 불안해진다. 그렇다면 약간의 기회손실을 감안하더라도 마음 편하게 분할해서 투자금을 넣어도 상관은 없다.

# 05.
# 경제의 사계절을
# 극복하는
# 'K-올웨더' 포트폴리오

앞에서 말한 자산배분 투자 방법론에 맞춰 한국의 개인 투자자에게 적합한 K-올웨더 포트폴리오를 소개하겠다. 'K-올웨더'라는 이름은 전세계적으로 많이 알려진 미국의 '올웨더'라는 자산배분 포트폴리오보다 한국의 투자자에게 적합하고 더 우수하다는 의미에서 붙인 이름이다. 올웨더와의 비교는 이 장의 후반부에서 다룬다.

투자 포트폴리오의 기준으로 삼는 모델 포트폴리오의 자산군은 크게 주식, 국채, 대체투자 3개로 나눈다. 포트폴리오의 전체적인 수익을 담당할 주식 자산군에 비중의 50%를 할당한다. 그리고 주식 변동성을 커버해줄 국채와 대체투자에 각 30%와 20%를 배분한다.

## █ 주식

주식 자산군은 서로 다른 움직임을 보이는 선진국과 신흥국에 절반씩 나눈다. 2010년대 이후로는 미국 시장의 독주 덕분에 선진국 지수가 더 좋은 성과를 보였으나 과거에는 그렇지 않았다. 특히 미래에는 어느 쪽이 더 좋은 성과를 낼지 알 수 없기 때문이다.

선진국 지수에 투자하는 ETF들이 있으나 보수가 0.3~0.5%로 높고 배당금이 포함되지 않는 경우가 많아 선택하지 않는다. 선진국 지수를 대신해 미국 주식을 꼽았는데, 선진국 지수MSCI World를 구성하는 국가별 비중의 68%를 미국이 차지하며 미국 주식 ETF의 보수가 0.021~0.07% 수준으로 매우 저렴하고 거래량도 많기 때문이다.

미국 대형주 지수인 S&P500을 추종하는 ETF는 환노출과 환헤지형이 있다. 환헤지형의 경우 ETF 이름에 '(H)' 표시가 있고 환노출형은 별 다른 표시가 없어 구분이 가능하다. 앞서 언급했듯 환헤지에 따른 비용이 없고 달러 투자 효과를 위해 환노출형을 선택한다. 또한 상품

표 29 ● 선진국 지수와 신흥국 지수의 10년 단위 성과 비교[연환산 수익률 기준]

|  | 선진국 지수 | 신흥국 지수 | (선진국 - 신흥국) |
|---|---|---|---|
| 1970년대 | 2.7% | 18.1% | -15.4% |
| 1980년대 | 15.8% | 17.4% | -1.6% |
| 1990년대 | 10.6% | 11.1% | -0.5% |
| 2000년대 | 0.3% | 10.1% | -9.8% |
| 2010년대 | 10.1% | 4.0% | 6.1% |

명 뒤에 'TR'이 붙은 경우가 있는데, 이는 'Total Return(총수익)'의 약자로 ETF에 포함된 주식에서 발생하는 배당을 수익에 포함한다는 의미다. 2023년 4월 말 기준으로 'KODEX 미국S&P500TR'이 환노출형이며 총수익 지수를 추종하는 유일한 ETF라 이 상품을 선정한다.

신흥국 지수에 투자하는 ETF들 역시 보수가 0.45~0.5%로 높고 거래량이 적다. 2018년에 상장된 'KODEX MSCI EM선물(H)'은 시가총액이 50억 원 미만으로 상장폐지 위험이 있다. 그보다 이른 2014년 3월에 상장한 'PLUS 신흥국MSCI(합성 H)'는 '합성' 상품에 환헤지 상품으로 상장 이후 2023년 3월까지의 성과를 분석해보면 MSCI 신흥국 PR 지수보다 연 0.90%포인트 낮은 성과를 보이며, MSCI 신흥국 TR 지수에 비하면 연 3.68%포인트나 성과가 낮다. 과거에는 신흥국 관련 ETF가 흔치 않고 합성 혹은 선물 형태로 거래량이 적고 보수가

**표 30 ● 미국 S&P500 ETF 현황** [2023.4.30 기준, 시가총액순]

| 종목명 | 총보수(A) | 상장일 | 거래 대금 (백만 원) | 시가 총액 (억 원) |
|---|---|---|---|---|
| TIGER 미국 S&P500 | 0.07 | 2020 -08 -07 | 13,824 | 18,394 |
| ACE 미국 S&P500 | 0.07 | 2020 -08 -07 | 4,604 | 5,742 |
| KODEX 미국 S&P500TR | 0.05 | 2021 -04 -09 | 3,088 | 4,846 |
| RISE 미국 S&P500 | 0.021 | 2021 -04 -09 | 1,660 | 2,486 |
| SOL 미국 S&P500 | 0.05 | 2022 -06 -21 | 473 | 460 |
| KOSEF 미국 S&P500 | 0.04 | 2022 -12 -20 | 43 | 121 |
| PLUS 미국 S&P500 | 0.07 | 2022 -05 -31 | 32 | 83 |
| HANARO 미국 S&P500 | 0.045 | 2022 -06 -08 | 1 | 73 |
| WOORI 미국 S&P500 | 0.05 | 2022 -10 -06 | 9 | 51 |

비싸다는 단점으로 신흥국 ETF를 대안으로 사용했으나, 최근 몇 년 사이 다양한 국가의 ETF가 실물 형태에 저렴한 보수로 나와 신흥국의 주요 국가를 직접 편입하고자 한다.

신흥국 지수MSCI EM(2023.3 기준)를 이루는 주요 국가와 지수에서의 비중을 보면 중국, 대만, 인도, 한국 순이며 각각 33%, 15%, 13%, 12%를 차지한다. 이들 국가에 분산 투자함으로써 신흥국 투자 효과를 가져가고자 한다. 다만 대만의 경우 국내에 관련 ETF가 출시되어 있지 않아 중국, 인도, 한국에 동일하게 비중을 나눈다.

중국 주가를 대표하는 CSI300 지수를 추종하는 환노출형 상품 중 총보수가 0.12%로 가장 저렴하며 거래 대금이 가장 많은 'KODEX 차이나CSI300'을 선정한다. CSI300 지수는 중국의 상해 거래소 및 심천 거래소에 상장된 중국 A주 중 시가총액, 거래 대금, 재무 현황 등을 고려하여 선정한 대형주 300종목을 대상으로 산출되는 지수다.

인도의 대표 주가지수인 니프티Nifty 50은 인도에 등록된 NSENational Stock Exchange of India Ltd. 거래소에 상장된 규모가 크고 유동성이 풍부한 우량주 50종목으로 구성된 지수다. 인도 ETF는 과거에는 합성 상품만 존재했으나 최근 실물 ETF가 상장되고 총보수 역시 0.19%로 낮아져

표 31 ● 중국 CSI300 ETF 현황 (2023.4.30 기준, 시가총액순)

| 종목명 | 총보수(A) | 상장일 | 거래 대금 (백만 원) | 시가총액 (억 원) |
|---|---|---|---|---|
| TIGER 차이나 CSI300 | 0.63 | 2014 -02 -17 | 1,357 | 2,315 |
| ACE 중국본토 CSI300 | 0.7 | 2012 -11 -29 | 154 | 1,714 |
| KODEX 차이나 CSI300 | 0.12 | 2017 -12 -13 | 5,542 | 1,152 |

표 32 ● 인도 Nifty50 ETF 현황 (2023.4.30 기준, 시가총액순)

| 종목명 | 총보수(A) | 상장일 | 거래 대금 (백만 원) | 시가총액 (억 원) |
|---|---|---|---|---|
| KOSEF 인도 Nifty50(합성) | 0.29 | 2014 -06 -26 | 1,663 | 1,827 |
| KODEX 인도 Nifty50 | 0.19 | 2023 -04 -21 | 2,148 | 1,032 |
| TIGER 인도니프티50 | 0.19 | 2023 -04 -14 | 2,668 | 668 |

투자할 만하다. 합성 상품이었던 'KOSEF 인도Nifty50(합성)'의 출시 이후 성과를 니프티50 지수와 비교해보면 PR 지수 대비 연 2.52%포인트, TR 지수와는 연 4.02%포인트 낮은 성과를 보여 투자 수단으로 삼기에 아쉬움이 많았다. 하지만 2023년 4월 2개의 실물 ETF가 출시되었는데 총보수는 0.19%로 동일하고, 시가총액과 거래 대금이 많아 어느 것을 선택해도 괜찮아 보인다. 여기서는 시가총액이 큰 'KODEX 인도Nifty50'을 선정한다.

한국은 대표 지수인 코스피200을 추종하며 배당금을 자동으로 재

표 33 ● 한국 코스피 200TR ETF 현황(2023.4.30 기준, 시가총액순 )

| 종목명 | 총보수(A) | 상장일 | 거래 대금 (백만 원) | 시가총액 (억 원) |
|---|---|---|---|---|
| KODEX 200TR | 0.05 | 2017 -11 -21 | 9,310 | 20,166 |
| KOSEF 200TR | 0.012 | 2018 -04 -23 | 1,609 | 4,896 |
| SOL 200TR | 0.05 | 2018 -04 -23 | 849 | 2,196 |
| RISE 200TR | 0.012 | 2020 -08 -21 | 318 | 2,033 |
| HANARO 200TR | 0.029 | 2019 -08 -28 | 9 | 1,606 |
| ACE 200TR | 0.03 | 2019 -08 -28 | 228 | 292 |
| TIGER 200TR | 0.09 | 2018 -11 -20 | 40 | 272 |

표 34 ● 금 ETF 현황(2023.4.30 기준, 시가총액순)

| 종목명 | 총보수(A) | 상장일 | 거래 대금<br>(백만 원) | 시가총액<br>(억 원) |
|---|---|---|---|---|
| KODEX 골드선물(H) | 0.68 | 2010 -10 -01 | 2,927 | 2,186 |
| ACE KRX금현물 | 0.5 | 2021 -12 -15 | 964 | 671 |
| TIGER 골드선물(H) | 0.39 | 2019 -04 -09 | 656 | 312 |

투자하는 TRTotal Return 지수 중에 총보수가 0.012%로 가장 낮고, 거래 대금과 시가총액이 큰 'KOSEF 200TR'를 선정한다.


## ▌ 대체투자

대체투자 자산으로 금을 추천했는데 금 ETF 중에서 선물이 아닌 현물 가격을 추종하는 'ACE KRX금현물' 상품을 선정한다. 선물 ETF의 경우 퇴직연금 계좌에서 거래가 안 된다는 단점이 있고, 헤지형의 경우 헤지 비용이 소요되어 환노출형을 우선하였다.


## ▌ 국채

국채는 국내 상장되어 활발히 거래되는 한국 국채와 미국 국채에 절반씩 배분한다.

국채의 경우 ETF 상품명에 '3년, 10년' 등의 기간이 표기되어 있다.

이는 ETF가 포함하는 국채의 만기를 말하는데 만기에 따라 ETF의 성격이 달라진다. 좀 더 정확히 표현하면 채권 만기와 ETF 운용 방법에 따라 듀레이션Duration이 달라진다. 듀레이션은 채권 투자 시에 자금이 회수되는 평균 만기를 말하는데 듀레이션에 따라 ETF의 성격이 달라진다.

[표35]에서 확인할 수 있듯이 국고채3년의 듀레이션이 2.5~2.8년으로 가장 짧고, 국고채10년의 듀레이션이 6.5년으로 중간 수준이며, 국고채30년 Enhanced가 가장 긴 27.7년의 듀레이션을 가진다.(참고로 KIS 국고채30년 Enhanced는 국고채권 30년물 3종목으로 구성되는데, 전체의 30% 규모의 현금을 차입하여 1.3배 레버리지 효과를 갖는 지수이다.)

국채의 경우 3년, 10년, 30년 Enhanced 지수의 상관관계는 0.84~0.97로 매우 높다. 즉 상승할 때 같이 상승하고, 하락할 때 같이 하락하는 특징을 갖는다. 따라서 다른 자산과의 낮은 상관관계로 인해 포트폴리오의 위험을 낮추는 역할은 3가지 국채 모두 비슷할 것으로 예

표 35 ● 한국 주요 국채 ETF 현황(2023.4.30 기준, 시가총액순)

| 종목명 | 듀레이션 | 총보수(A) | 상장일 | 거래 대금 (백만 원) | 시가총액 (억 원) |
|---|---|---|---|---|---|
| KOSEF 국고채 10년 | 6.5년 | 0.05 | 2011-10-20 | 2,171 | 4,905 |
| RISE KIS 국고채 30년 Enhanced | 27.7년 | 0.05 | 2021-05-26 | 6,180 | 2,487 |
| KODEX 국고채 3년 | 2.5~2.8년 | 0.15 | 2009-07-29 | 658 | 2,075 |
| PLUS 국고채 30년 액티브 | 18.9년 | 0.05 | 2023-02-07 | 42 | 1,333 |
| KODEX 국채선물 10년 | 6.5년 | 0.07 | 2012-01-20 | 549 | 1,177 |
| KODEX 국고채 30년 액티브 | 18.9년 | 0.05 | 2022-08-23 | 3,029 | 1,031 |

상할 수 있다. 상관관계 관점에서의 역할이 비슷하다면 다음으로 변동
성과 기대수익률을 살펴볼 필요가 있다.

주식이나 금 등 다른 편입 자산의 가격 움직임(변동성)이 연간 20%
전후로 높은 데 비해 국채의 경우 가격 움직임이 크지 않다는 아쉬움
이 있는데 듀레이션이 긴 장기 국채의 경우 이런 부분을 커버해줄 수
있다.

주요 주가 하락기의 사례를 보겠다. 글로벌 금융위기가 한창이
던 2008년 6월 말부터 6개월간 한국 주식은 -30.4% 하락했다.
이 기간 국채 지수는 상승했다. 3년물 9.9%, 10년물 17.1%, 30년
Enhanced는 33.6% 상승했다. 단기물에 비해 장기물의 가격 상승폭
이 크기 때문에 주가 하락분을 만회하기에 적절한 상방 변동성을 보
여주었다. 2018년 5월 말부터 6개월간의 모습도 비슷하다. 한국 주
식이 -12.3% 하락하는 동안 국채 3년물 2.0%, 10년물 6.3%, 30년

**그림 26 ● 한국 국채 지수 만기 종류별 움직임 (1999.12 -2023.3)**

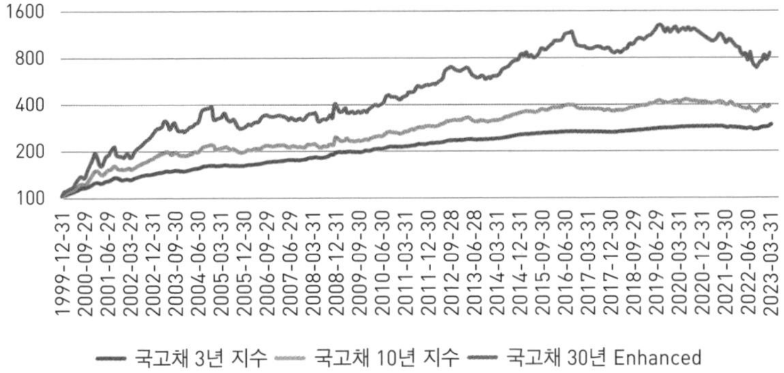

Enhanced는 21.4% 상승했다. 국채 지수 간의 가격 변동 격차는 변동성의 차이 때문이다. 3년 지수가 2.7%, 10년 지수가 7.3%로 낮은 변동성으로 보이는 반면, 국고채 30년 Enhanced 지수의 경우 17.5%로 국내외 주식, 금 등 다른 자산의 가격 변동을 커버하며 포트폴리오에 기여할 수 있을 것으로 기대된다. 따라서 'RISE KIS 국고채 30년 Enhanced'를 선정한다.

미국 국채의 경우 환노출형과 환헤지형에 반씩 나누어 배분한다. 환노출형 중에는 총보수가 0.09%로 저렴한 'KODEX 미국채10년선물' ETF를 선정한다. 환헤지형 중에는 선물이나 합성 ETF가 아닌 현물에 투자하는 상품인 'ACE 미국30년국채액티브(H)'를 선정한다. 선물로 운용하는 경우 퇴직연금 계좌에서 매매가 불가능하다는 단점이 있고, 합성형의 경우 실제 지수를 추종하지 못하는 문제가 있어 현물 투자 상품을 선택한다.

달러/원 환율이 주식 등과 음의 상관관계를 가지며 포트폴리오의 안전한 운용에 도움을 준다고 분석했는데 미국 국채를 환헤지형과 환노

표 36 ● 만기가 다른 국채 지수 간 상관관계 및 수익률과 변동성(1999.12 - 2023.3)

|  | 국고채 3년 지수 | 국고채 10년 지수 | 국고채 30년 Enhanced 지수 |
|---|---|---|---|
| 국고채 3년 지수 | 1 | 0.89 | 0.84 |
| 국고채 10년 지수 |  | 1 | 0.97 |
| 국고채 30년 Enhanced 지수 |  |  | 1 |
| 연수익률 | 4.5% | 5.9% | 9.5% |
| 연변동성 | 2.7% | 7.3% | 17.5% |

그림 27 ● K-올웨더 포트폴리오 자산 간 상관관계 (1999.12 -2023.3)

| | 미국주식 (UH) | 한국주식 | 중국주식 (UH) | 인도 (UH) | 금(UH) | 미국채 10년(UH) | 미국채 30년(H) | 국고채 30년En. |
|---|---|---|---|---|---|---|---|---|
| 미국주식 (UH) | 1.00 | 0.42 | 0.19 | 0.41 | -0.05 | 0.03 | -0.24 | -0.16 |
| 한국주식 | | 1.00 | 0.15 | 0.48 | -0.11 | -0.44 | -0.15 | -0.04 |
| 중국주식 (UH) | | | 1.00 | 0.19 | 0.13 | 0.04 | -0.11 | -0.14 |
| 인도 (UH) | | | | 1.00 | 0.05 | -0.12 | -0.11 | -0.02 |
| 금(UH) | | | | | 1.00 | 0.45 | 0.22 | 0.06 |
| 미국채 10년(UH) | | | | | | 1.00 | 0.42 | 0.01 |
| 미국채 30년(H) | | | | | | | 1.00 | 0.47 |
| 국고채 30년En. | | | | | | | | 1.00 |

표 37 ●미국 주요 국채 ETF현황(2023.4.30 기준, 시가총액순)

| 종목명 | 총보수(A) | 상장일 | 거래 대금 (백만 원) | 시가총액 (억 원) |
|---|---|---|---|---|
| KODEX 미국채울트라 30년 선물(H) | 0.3 | 2018-09-12 | 8,794 | 2,131 |
| TIGER 미국채 10년 선물 | 0.29 | 2018-08 -30 | 2,446 | 1,154 |
| ACE 미국 30년 국채 액티브(H) | 0.05 | 2023-03-14 | 3,685 | 851 |
| KODEX 미국채 10년 선물 | 0.09 | 2018-10 -19 | 654 | 304 |
| RISE 미국장기국채 선물 레버리지(합성H) | 0.5 | 2017-04 -20 | 389 | 89 |
| RISE 미국장기국채 선물(H) | 0.4 | 2017-04 -20 | 138 | 85 |

출형으로 나누었다. 이는 이미 다른 자산에서 달러 환노출을 많이 해

두었기 때문에 과도한 노출을 제한하기 위해서다. 앞서 미국 주식이나 금 ETF를 달러 환율에 노출된 상품을 선정했기 때문에 미국 국채에서 환노출을 제한한다. K-올웨더 모델 포트폴리오 기준으로 달러 환노출 자산은 미국 주식UH(25%), 금UH(20%), 미국 국채UH(7.5%)를 합해 52.5%로 전체 포트폴리오의 절반 수준이다. 어느 쪽이든 치우치지 않도록 균형을 잡고자 했다. [그림27]에서 볼 수 있듯이 달러에 환노출된 자산인 미국 주식UH, 금UH의 경우 환노출 미국채보다 환헤지 미국채와 더욱 낮은 상관계수를 가진다는 것을 알 수 있다.

## 현금성자산과 포트폴리오 위험 조정

현금성자산 ETF로는 단기채권, KOFR금리, CD금리 투자형이 대표적이다. 단기채권형은 만기 1년 미만의 국공채나 통안채 등을 편입하는 형태가 많고 출시한 지 오래되어 익숙하다. 총보수는 0.07~0.15%로 다소 높은 편이다. CD금리 투자형은 잔존만기 60~120일 이내의 국내 시중은행, 특수은행 양도성예금증서CD, certificate of deposit 종목들로 구성되는데 2020년에 상장되어 현재 시가총액 5조 원에 달할 정도로 인기를 끌고 있다. 총보수는 0.03%로 낮다. 최근 출시된 KOFR금리 투자형은 국채·통안증권을 담보로 하는 익일물 RP금리를 사용하여 산출한 우리나라의 대표적인 무위험지표금리RFR, Risk-Free Reference Rate다. 총보수는 0.03~0.05%로 낮은 편이다.

[그림28]은 KOFR ETF가 출시된 2022년 4월 말을 100으로 기준해서 3가지 ETF의 움직임을 그린 것이다. KOFR과 CD금리 ETF는 거의 변동성 없이 움직이는 것을 알 수 있고, 상대적으로 단기채권 ETF는 약간의 변동성을 보인다. 각 ETF가 추종하는 지수의 듀레이션(잔존만기)이 다르기 때문에 발생하는 현상이다.

비슷한 조건이면 보수가 낮은 상품이 유리하다. 총보수가 0.03%로 가장 낮은 'TIGER CD금리투자KIS(합성)'와 'TIGER KOFR금리액티브(합성)'를 추천한다. 시가총액이나 거래 대금은 전자가 앞서지만, 퇴직연금 계좌에서는 위험자산으로 분류되기 때문에 투자 한도가 제한되는 단점이 있다. 현금성자산인데 위험자산으로 분류된다는 점이 의아할 수 있는데 ETF 운용 방식의 차이 때문으로 [표38]에서 알 수 있듯 다른 KOFR 상품도 위험자산으로 분류된다. 퇴직연금 계좌에서의

그림 28 ● 현금성자산 ETF 움직임 비교(2020.7-2023.4)

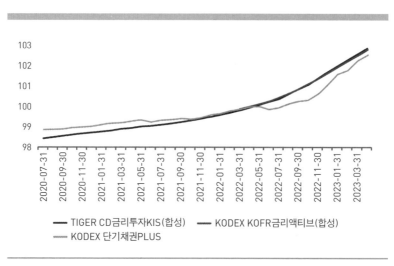

표 38 ● 주요 현금성자산 ETF 현황 (2023.4.30 기준, 시가총액순)

| 종목명 | 총보수<br>(A) | 상장일 | 거래 대금<br>(백만 원) | 시가총액<br>(억 원) | 퇴직연금<br>투자 한도 |
|---|---|---|---|---|---|
| TIGER CD 금리투자 KIS<br>(합성) | 0.03 | 2020-07-07 | 12,064 | 48,395 | 70% |
| KODEX KOFR 금리액티브<br>(합성) | 0.05 | 2022-04-26 | 34,212 | 35,829 | 70% |
| KODEX 단기채권 PLUS | 0.15 | 2015-03-03 | 119,938 | 12,442 | 100% |
| KODEX 단기채권 | 0.15 | 2012-02-22 | 83,041 | 8,182 | 100% |
| TIGER KOFR 금리액티브<br>(합성) | 0.03 | 2022-11-30 | 1,873 | 6,392 | 100% |
| TIGER 단기채권액티브 | 0.07 | 2017-06-29 | 28,008 | 5,510 | 100% |
| PLUS KOFR 금리 | 0.05 | 2023-03-14 | 157 | 174 | 70% |
| HANARO KOFR<br>금리액티브(합성) | 0.05 | 2023-03-14 | 20 | 121 | 70% |

활용성 등을 감안해 'TIGER KOFR금리액티브(합성)'를 현금성자산으로 선정한다.

K-올웨더의 모델 포트폴리오MP, Model Portfolio는 주식, 대체투자, 국채를 50%, 20%, 30%로 나누었다. 투자자의 위험감내도에 따라 선택할 수 있도록 하기 위해서 K-올웨더를 성장형·중립형·안정형으로 나눈다. 나누는 방법은 각각의 현금성자산을 5%, 20%, 40%를 배분한 다음 나머지 비중을 모델 포트폴리오의 비율대로 맞춘다. 이런 식으로 배분 비율을 정하면 샤프비율 등 위험 대비 수익 수준을 해치지 않으면서 위험을 조정할 수 있다. 백테스트 결과를 보며 자세히 설명하겠다.

표 39 ● 위험감내도별 K-올웨더 포트폴리오 예시

| 구분 | 자산군<br>(추천 ETF) | MP | 성장형 | 중립형 | 안정형 |
|---|---|---|---|---|---|
| 주식 | 미국 주식(UH)<br>(KODEX 미국 S&P500TR) | 25.0% | 24.0% | 20.0% | 15.0% |
| | 한국 주식<br>(KOSEF 200TR) | 8.0% | 8.0% | 6.0% | 5.0% |
| | 중국 주식(UH)<br>(KODEX 차이나 CSI300) | 8.5% | 8.0% | 7.0% | 5.0% |
| | 인도(UH)<br>(KODEX 인도 Nifty50) | 8.5% | 8.0% | 7.0% | 5.0% |
| 대체투자 | 금(UH)<br>(ACE KRX 금현물) | 20.0% | 19.0% | 16.0% | 12.0% |
| 국채 | 미국채 10년(UH)<br>(KODEX 미국채 10년선물) | 7.5% | 7.0% | 6.0% | 4.5% |
| | 미국채 30년(H)<br>(ACE 미국30년 국채액티브(H)) | 7.5% | 7.0% | 6.0% | 4.5% |
| | 국고채 30년<br>(RISE KIS국고채 30년 Enhanced) | 15.0% | 14.0% | 12.0% | 9.0% |
| 현금성자산 | 현금성자산<br>(TIGER KOFR 금리액티브(합성)) | 0.0% | 5.0% | 20.0% | 40.0% |
| 합계 | | 100.00% | 100.00% | 100.00% | 100.00% |

## K-올웨더 포트폴리오의
## 백테스트 성과

K-올웨더 포트폴리오로 투자했다면 어땠을까? 미래를 알 수 없으나 과거의 모습을 살펴볼 수는 있다. 과거back의 모습을 가상으로 점검test 하는 것을 백테스트back-test라고 한다. 백테스트를 하는 목적은 미래에 도 그런 성과가 나올 것이라는 주장의 근거로 쓰려는 것이 아니라 과

거의 다양한 시장 상황에서 이 투자 전략이 어떤 모습을 보였는지 살펴보기 위함이다. 백테스트를 하기 위해서 ETF가 존재하기 전의 데이터를 추정할 필요가 있는데 이를 외측삽입extrapolation(외삽)이라고 한다. 외측삽입을 위해서 기본적으로는 ETF가 추종하는 기초지수를 가져다 쓰며, 기초지수가 없으면 유관 데이터를 이용해 추산estimation한 지수를 만들어 쓰게 되는데 이때 필연적으로 오차가 발생할 수 있다. 특히 ETF 운용 보수가 수시로 바뀌기 때문에 이 부분을 제대로 반영하기 어렵고, 일별 혹은 월말 종가로 매매가 되었다는 가정 등으로 인해 매매 시에 발생하는 비용slippage을 계산하지 못하기도 한다. 즉 백테스트 결과는 완벽하지 않다. 그런데도 백테스트 내용을 분석함으로써 내 투자 전략의 장단점을 이해하는 과정은 중요하다.

K-올웨더의 백테스트는 1999년 12월부터 2023년 3월까지로 23년 3개월간이며 매월 말일에 리밸런싱했다고 가정했다. [그림29]에서 미국 주식과 한국 주식의 과거 움직임을 보면 2000년 초 IT 버블 붕괴, 2008년 글로벌 금융위기를 비롯해 2018년과 2022년 등 주가가 폭락했던 기간이 한눈에 보인다. 이런 시기를 포함해 K-올웨더가 얼마나 하락 기간을 잘 방어했고 꾸준히 우상향해왔는지 알 수 있다.

[표40]을 통해 구체적인 수치로 확인해보면 분석 기간 중 미국 주식과 한국 주식의 연수익률은 6.5%와 5.8%였으나 K-올웨더는 성장형·중립형·안정형이 각각 8.9%, 8.0%, 6.8%로 상대적으로 우수했다. 위험지표인 연변동성에서 미국과 한국 주식이 각각 15.5%, 21.9%를 보인 데 반해 K-올웨더는 4.7~7.5%로 주식의 3분의 1 수준으로 안정적인 모습을 보였다. 직전 고점 대비 얼마나 하락했는지를 나타내는 최

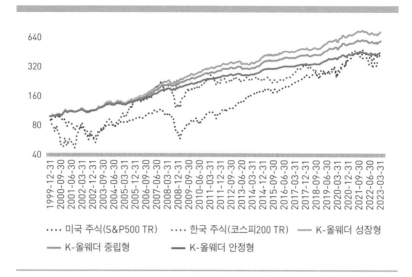

그림 29 ● K-올웨더 포트폴리오 누적 성과(1999.12 -2023.3)

```
640

320

160

80

40
```

```
1999-12-31
2000-09-30
2001-06-30
2002-03-31
2002-12-31
2003-09-30
2004-06-30
2005-03-31
2005-12-31
2006-09-30
2007-06-30
2008-03-31
2008-12-31
2009-09-30
2010-06-30
2011-03-31
2011-12-31
2012-09-30
2013-06-20
2014-03-31
2014-12-31
2015-09-30
2016-06-30
2017-03-31
2017-12-31
2018-09-30
2019-06-30
2020-03-31
2020-12-31
2021-09-30
2022-06-30
2023-03-31
```

···· 미국 주식(S&P500 TR)    ···· 한국 주식(코스피200 TR)    — K-올웨더 성장형
— K-올웨더 중립형    — K-올웨더 안정형

대낙폭의 경우 미국과 한국 주식은 50%가 넘는 하락을 보였으나 K-올웨더는 7~12%로 매우 양호했다. 손실이 발생한 기간을 측정하는 손실최장기간을 보면 미국과 한국 주식은 70개월 전후로 6년 가까운 손실 기간을 겪었으나 K-올웨더는 15~16개월 수준으로 양호하다. 양호하다고 해서 손실이 안 난다는 말이 아니다. 늘 손실 발생 기간이 생기게 마련이다. 그래서 2~3년 안에 사용처가 정해져 있는 결혼 자금이나 전세 자금 등은 투자하기에 적합하지 않다고 말하는 것이다.

위험 대비 수익을 측정하는 지표를 살펴보자. 노벨상 수상자인 윌리엄 샤프가 제안한 샤프비율은 수익률에서 무위험 수익률을 뺀 값을 변동성으로 나누어 계산한다. 샤프비율은 미국과 한국 주식이 각각 0.23, 0.13인 데 비해 K-올웨더는 0.79~0.80으로 매우 높다. 같은 위

표 40 ● K-올웨더 포트폴리오 백테스트 성과 분석 (1999.12-2023.3)

| | 미국 주식 (S&P500 TR) | 한국 주식 (코스피 200 TR) | K-올웨더 성장형 | K-올웨더 중립형 | K-올웨더 안정형 |
|---|---|---|---|---|---|
| 기간수익률 | 335% | 268% | 629% | 502% | 359% |
| 연수익률 | 6.5% | 5.8% | 8.9% | 8.0% | 6.8% |
| 연변동성 | 15.5% | 21.9% | 7.5% | 6.3% | 4.7% |
| 최대낙폭 | 51% | 55% | 12% | 10% | 7% |
| 손실최장기간 | 73 | 68 | 16 | 15 | 15 |
| 손실고통크기 | 15.62 | 17.64 | 1.04 | 0.85 | 0.60 |
| 샤프비율 | 0.23 | 0.13 | 0.79 | 0.80 | 0.80 |
| 김씨비율 | 0.07 | 0.05 | 0.49 | 0.52 | 0.54 |

험 수준에서 서너 배 더 높은 수익을 제공했다는 말이다. 그런 관점에 서 '저위험 중수익'이라는 표현을 쓸 수도 있을 것이다. 여기서 또 하나 체크할 부분이 K-올웨더는 성장형·중립형·안정형의 샤프비율이 0.8 정도로 거의 같다는 점이다. 앞서 설명한 토빈의 분리정리를 이용해 현금성자산의 비율을 변경하며 위험 수준을 조절했기 때문이다. 안정 성을 원하면 그 수준의 수익성을 반납해야 한다는 트레이드오프가 적 용됐다고 봐야겠다. 샤프비율의 단점으로 거론되는 것이 변동성만을 위험지표로 사용한다는 점이다. 그래서 변동성 대신 최대낙폭을 위험 지표로 사용한 것이 김씨비율이다. 샤프비율 계산 방식에서 분모의 변 동성을 최대낙폭으로 바꿔서 계산한다. 미국과 한국 주식의 최대낙폭 이 50%대로 너무 커서 김씨비율이 0.07, 0.05가 나온다. 반면 K-올웨 더는 최대낙폭이 크지 않아 0.49~0.54의 우수한 성과를 보여준다.

투자 전략의 성과를 분석할 때 장기간의 성과를 분석하는 것은 중요하다. 왜냐하면 다양한 시장 상황에서 투자 전략이 어떻게 반응하는지 알 수 있기 때문이다. 상승장이나 하락장, 혹은 횡보장 등 특정 상황에서의 성과만으로 전략을 판단하면 다른 장세가 펼쳐졌을 때 예상치 못한 결과를 보며 투자에 실패하거나 당황할 수 있다. 그런데 장기 성과를 보는 것 못지않게 단기 성과도 체크해야 한다. 투자자들의 투자 단위 기간 time horizon이 무척 '단기'이기 때문이다. 조사 지역이나 기간에 따라 다르지만 대략 1년가량의 평균 투자 기간을 갖는다.(점점 짧아지는 추세다) 그리고 자신이 투자한 기간에 손실이 나면 해당 전략이 쓸모없다고 판단하는 경우가 많다. [표41]처럼 연단위 성과를 분석하는 이유가 이런 투자자의 심리적 편향을 참고해 검토하기 위해서다. 예를 들어 2000년에 미국 주식을 투자했다면 3년을 내리 손실을 보게 된다. 2013년 한국 주식에 들어갔어도 3년간 누적으로 손실을 보는 상황이 된다. 손실을 보며 3년을 기다릴 수 있는 투자자는 흔치 않다. 이들은 그 기다림 끝에 오는 큰 수익을 맛보기 전에 포기하거나 다른 투자로 관심을 돌린다.

K-올웨더의 연단위 성과를 보면 그리 나쁘지 않음을 알 수 있다. 안정형의 경우 2022년을 제외하고 2013년 단 한 차례 손실(-0.2%)을 보였다. 성장형은 2022년 이전에 3차례 마이너스였으나 그 크기가 -2% 수준으로 양호했다. 문제는 2022년이었다. 2022년은 자산배분 투자 전략에 최악의 해로 기록될 것이다. 국민연금은 2022년 -8.22%로 80조 원 규모의 손실을 기록하며 역대 최악의 성과라고 언론의 포화를 맞았다.(참고로 국민연금의 2000년 이후 2022년까지의 연평균 수익률은 5.73%였다) 글로벌 연기금 역시 처참한 성과를 보였는데 노르웨이GPFG

는 -14.1%, 네덜란드ABP는 -17.6%나 손실이 났다. K-올웨더 역시 2022년에는 -7~-12%의 손실이 발생했다. 주식의 하락에 비하면 양호하다고 할 수 있으나 실망하고 자산배분 투자를 포기한 이들이 나올 만한 수치다.

2022년에는 주식과 국채가 동반 하락하면서 자산배분 전략들이 최악의 고전을 했다. 하지만 이런 특이점은 다른 시각으로 보면 그만큼 이 투자 전략을 시작하기 좋은 시기라는 반전 포인트가 되기도 한다. 지난 23년간 K-올웨더 성장형이 손실이 났던 해와 다음해의 성과를 보면 흥미로운 점을 발견할 수 있다. 2002년 -2%였던 성장형은 다음해 23%의 수익을 냈고, 2008년 1%의 저조한 성과를 낸 다음해에 18%의 수익을 냈다. 2013년 -2%였다가 다음해 18%, 2018년 -0.3% 손실 이후 2019년 22%의 수익을 냈다. 2022년 -12% 이후 2023년 3월까지 9%의 성과를 내고 있다. 2023년 연말까지 지켜봐야 한 해의 성과를 평가할 수 있겠지만, K-올웨더 전략의 경우 주식처럼 몇 년에 걸쳐 하락을 지속하지 않을 확률이 높다고 말할 수 있다. K-올웨더 성장형의 연평균 수익률이 8.9%라는 점은 성과가 나쁠 때와 좋을 때의 평균이라는 점을 상기할 필요가 있다.

[표41]은 매년 첫날 투자해 연말까지 지속했을 경우의 성과를 살펴본 것인데, 실제 개인이 언제 투자를 시작할지는 무작위적이다. [표42]는 어느 달에 투자를 시작하든 1년 동안 지속하고 매도했을 경우의 성과를 통계적으로 분석한 것이다. 평균 수익률을 보면 한국 주식이 10.2%로 가장 높으나 대체로 8~10% 수준으로 비슷한 성과가 나온다는 것을 알 수 있다. 문제는 수익이 났을 때가 아니라 손실이 발생

했을 때다. 늘 손실의 가능성을 검토해야 한다. 이 사례에는 총 268번의 투자 기회가 있는데, 미국 주식에 투자했다면 68번은 손실이 발생했고 손실확률로 계산하면 25%(=68/268)가 나온다. 투자한 4번 중에 한 번은 손실이 났다는 얘기다. 한국 주식의 손실확률은 이보다 더 큰 35%이다. 반면 K-올웨더는 양호한 수준으로 9~15%의 손실 가능성을 보였다. 아무리 자산을 잘 배분해도 손실은 피할 수 없다. 이런 단점을 커버하는 것이 투자 기간인데, 앞서 얘기했던 최장손실기간을 체크하는 이유가 그것이다. K-올웨더의 경우 15~16개월이라는 수치가 나왔는데, 다시 말해 1년 4개월 정도면 손실이 회복됐다는 얘기다. 그래

표 41 ● K-올웨더 포트폴리오 연단위 성과 비교 (2023년은 3월 말까지의 성과)

| 연도 | 미국 주식 | 한국 주식 | 성장형 | 중립형 | 안정형 | 연도 | 미국 주식 | 한국 주식 | 성장형 | 중립형 | 안정형 |
|------|------|------|------|------|------|------|------|------|------|------|------|
| 2000년 | -9% | -51% | 11% | 11% | 10% | 2012년 | 16% | 12% | 7% | 7% | 6% |
| 2001년 | -12% | 37% | 4% | 4% | 5% | 2013년 | 32% | 1% | -2% | -1% | -0.2% |
| 2002년 | -22% | -6% | -2% | -1% | 0.5% | 2014년 | 14% | -6% | 18% | 16% | 12% |
| 2003년 | 29% | 35% | 23% | 19% | 15% | 2015년 | 1% | 0.3% | 7% | 6% | 5% |
| 2004년 | 11% | 13% | 2% | 3% | 3% | 2016년 | 12% | 10% | 7% | 6% | 5% |
| 2005년 | 5% | 57% | 6% | 5% | 5% | 2017년 | 22% | 27% | 6% | 5% | 4% |
| 2006년 | 16% | 7% | 16% | 15% | 12% | 2018년 | -4% | -17% | -0.3% | 0.1% | 1% |
| 2007년 | 5% | 32% | 27% | 24% | 18% | 2019년 | 31% | 15% | 22% | 19% | 14% |
| 2008년 | -37% | -38% | 1% | 2% | 3% | 2020년 | 18% | 36% | 14% | 12% | 9% |
| 2009년 | 26% | 54% | 18% | 16% | 12% | 2021년 | 29% | 3% | 12% | 10% | 8% |
| 2010년 | 15% | 24% | 15% | 13% | 11% | 2022년 | -18% | -24% | -12% | -10% | -7% |
| 2011년 | 2% | -11% | 5% | 4% | 4% | 2023년 | 7% | 11% | 9% | 8% | 6% |

표 42 ● K-올웨더 포트폴리오 12개월 단위 투자 성과 분석 [1999.12 - 2023.3]

| | 미국 주식 | 한국 주식 | K-올웨더 성장형 | K-올웨더 중립형 | K-올웨더 안정형 |
|---|---|---|---|---|---|
| 평균 수익률 | 8.2% | 10.2% | 9.2% | 8.2% | 6.9% |
| 손실횟수 | 68 | 95 | 39 | 37 | 25 |
| 손실확률 | 25% | 35% | 15% | 14% | 9% |
| 평균 손실률 | -15% | -14% | -3.0% | -2.2% | -1.6% |
| 1st 손실률 | -43% | -51% | -11.9% | -9.7% | -6.9% |
| 2nd 손실률 | -39% | -42% | -6.4% | -5.1% | -3.5% |
| 3rd 손실률 | -38% | -41% | -6.0% | -4.8% | -3.3% |
| 4th 손실률 | -38% | -40% | -6.0% | -4.7% | -3.1% |
| 5th 손실률 | -37% | -38% | -5.3% | -4.1% | -2.8% |

서 자산배분과 장기 투자를 같이 지속해야 한다고 말하는 것이다.

[표42]의 평균 손실률은 손실이 발생했을 때의 손실의 크기를 말하는데 주식의 경우 평균 -14~-15%의 손실이 났고, K-올웨더는 -1.6~-3.2%로 손실이 크지 않았다. 평균은 그렇다 쳐도 투자자가 느끼는 경험은 최악의 숫자를 더 잘 기억한다. 1년 단위 투자자가 느끼는 최악의 손실부터 5번째 큰 손실을 계산했는데, 미국과 한국 주식은 -37~-51% 수준으로 나왔다. K-올웨더도 평균 손실률에 비해 최악의 손실은 -6.9~-11.9%로 높았는데 2022년 12월의 성과였다. 그래도 역시 주식에 투자한 경우보다는 양호하다.

## 올웨더와
## K-올웨더 비교

앞서 언급했던 '올웨더All Weather'란 브리지워터에서 운용하는 대표 펀드 중 하나다. 브리지워터Bridgewater Associates는 세계 최대 규모의 자금을 운용하는 헤지펀드 운용사다. 이 회사의 창업자인 레이 달리오Ray Dalio는 〈타임〉지가 선정한 세계에서 가장 영향력 있는 100인, 블룸버그 마켓이 선정한 가장 영향력 있는 50인에 뽑히기도 했다. 그가 탄생시킨 올웨더 역시 장기간의 꾸준한 수익과 운용 자금 규모로 전 세계적으로 유명해졌다.

올웨더란 경제의 모든 계절(상황)을 잘 견뎌낼 수 있는 포트폴리오라는 의미다.(어떤 자료에서는 '전천후all weather' 혹은 '사계절4 seasons' 포트폴리오라고 부르기도 한다) 레이 달리오는 경제 환경을 4개의 상황으로 나눈다. 경제성장률과 물가상승률, 그리고 각각이 기대보다 높을 때와 낮을 때로 나누어 각 상황별로 좋은 자산이 다르다고 말한다.

경제성장률이 기대보다 높을 때는 주식, 회사채, 원자재/금, 신흥국 채권 등이 좋고, 그 반대일 때는 미국 국채, 물가연동채권이 좋다고 한다. 물가상승률이 기대보다 높을 때는 물가연동채권, 원자재/금, 신흥국 채권의 성과가 좋고, 낮을 때는 주식, 미국 국채를 보유하는 게 낫다고 한다. 레이 달리오의 주장이 항상 맞는 것은 아니다. 대체로 그러한 성향을 보인다는 얘기다. 그의 논리가 항상 맞다고 해도 미래의 경제성장률과 물가상승률이 어떻게 변할지 예측하는 것은 불가능하다. 예측이 가능하다면 가장 많이 오를 자산을 미리 매수해두고 기다려서 상

## 표 43 ● 브리지워터의 올웨더 자산배분 *[Bridgewater All Weather Allocation]

| | 경제성장률 | 물가상승률 |
|---|---|---|
| **기대보다 높을 때** | (경제성장률이 기대보다 높을 때 좋은 자산)<br><br>주식, 회사채, 원자재/금, 신흥국 채권 | (물가상승률이 기대보다 높을 때 좋은 자산)<br><br>물가연동채권, 원자재/금, 신흥국 채권 |
| **기대보다 낮을 때** | (경제성장률이 기대보다 낮을 때 좋은 자산)<br><br>미국 국채, 물가연동채권 | (물가상승률이 기대보다 낮을 때 좋은 자산)<br><br>주식, 미국 국채 |

상을 초월하는 부자가 될 수 있을 것이다. 예측이 어렵다는 것을 잘 알고 있는 레이 달리오는 4개의 경제 상황에 대처할 수 있도록 각 상황의 발생 가능성이 동일하게 25%라고 가정한다. 이런 자산배분을 위험균형risk parity 방식이라고도 하는데 어떤 상황이 발생할지 알 수 없고, 모든 상황에 대응할 수 있게 하자는 논리에 기반한다.

올웨더의 성과가 궁금해 [표43]의 브리지워터의 자료에 기반해 편입 비중과 자산군을 산출하면 다음과 같다. [표44]에서 계산한 바와 같이 미국 주식VTI 18.75%, 미국 장기 국채TLT 25.00%, 미국 물가연동채권LTPZ 20.84%, 미국 회사채VCLT 6.25%, 신흥국 채권EMLC 14.58%,

---

● 출처: 올웨더 포트폴리오의 자산배분 논리를 설명하는 '펜실베니아 공립학교 직원 퇴직 시스템Pennsylvania Public School Employees' Retirement System'에 게시된 '브리지워터 올웨더 자산배분.' https://www.psers.pa.gov/About/Board/Resolutions/Documents/2010/tab35combined.pd

표 44 ● 올웨더 자산배분에 따른 자산군별 편입 비중

| | 경제성장률, 기대 이상 | 경제성장률, 기대 이하 | 물가상승률, 기대 이상 | 물가상승률, 기대 이하 | 비율 합계 |
|---|---|---|---|---|---|
| 주식 | 6.25% | | | 12.5% | 18.75% |
| 미국 국채 | | 12.5% | | 12.5% | 25.00% |
| 회사채 | 6.25% | | | | 6.25% |
| 물가연동채권 | | 12.5% | 8.34% | | 20.84% |
| 신흥국 채권 | 6.25% | | 8.33% | | 14.58% |
| 원자재/금 | 6.25% | | 8.33% | | 14.58% |
| 위험 분산 | 25% | 25% | 25% | 25% | |

원자재DBC 7.29%, 금AU 7.29%라는 결과가 나온다. 이 포트폴리오를 '올웨더A'라고 부르는데 올웨더 뒤에 'A'라는 글자를 붙인 이유는 이 자산배분이 나의 추정치이기 때문이다.

레이 달리오는 토니 로빈스Tony Robbins와의 인터뷰에서 미국의 개인 투자자를 위한 올웨더 포트폴리오의 종목과 비율을 언급했는데, 토니 로빈스가 그의 책 〈머니Money〉에서 공개해 알려졌다. 포트폴리오는 5개 자산으로 이루어져 있는데 미국 주식VTI 30%, 미국 장기 국채TLT 40%, 미국 중기 국채IEF 15%, 원자재DBC 7.5%, 금AU 7.5%이다. 이 포트폴리오를 앞에 나온 올웨더A와 구분하기 위해 '올웨더B'라고 부르자. 이 2개의 올웨더는 실제 브리지워터가 운용하는 올웨더와는 다르다. 실제 포트폴리오는 계속 변하고 있고 공개되지 않기 때문에 알 수 없다. 다만 올웨더의 투자 철학에 근거해 포트폴리오를 구성했다는 공통점은 있다.

표 45 ● 올웨더와 K-올웨더 포트폴리오 백테스트 성과 분석[2000.1-2023.3]

| | K-올웨더 성장형 | K-올웨더 중립형 | K-올웨더 안정형 | 올웨더 A (USD) | 올웨더 A (KRW) | 올웨더 B (USD) | 올웨더 B (KRW) |
|---|---|---|---|---|---|---|---|
| 연수익률 | 8.9% | 8.0% | 6.8% | 6.2% | 6.9% | 6.7% | 7.4% |
| 연변동성 | 7.5% | 6.3% | 4.7% | 8.7% | 9.5% | 7.7% | 9.8% |
| 최대낙폭 | 12% | 10% | 7% | 24% | 15% | 22% | 16% |
| 손실최장기간 | 16 | 15 | 15 | 25 | 23 | 26 | 33 |
| 샤프비율 | 0.79 | 0.80 | 0.80 | 0.37 | 0.41 | 0.48 | 0.45 |
| 김씨비율 | 0.50 | 0.52 | 0.54 | 0.13 | 0.26 | 0.17 | 0.27 |

올웨더와 K-올웨더의 성과는 어떠했을까? 2000년 1월부터 2023년 3월까지의 분석 결과는 [표45]와 같다. 올웨더A와 B의 이름 뒤에 USD는 미국 달러로 투자했을 때 미국 투자자가 느끼는 성과를 말하고, KRW은 한국 투자자가 미국에서 거래되는 ETF로 투자한 결과, 즉 원화 환산 성과를 보여준다. 조사 기간 달러/원 환율이 연 0.6% 상승해 올웨더A, B의 원화KRW 수익률이 달러USD보다 다소 높음을 알 수 있다.

[표45]에서 연수익률은 K-올웨더가 전반적으로 더 높고, 위험지표인 연변동성, 최대낙폭, 손실최장기간 등은 K-올웨더가 기존 올웨더보다 더 안정적이라는 점을 알 수 있다. 위험 대비 수익 지표인 샤프비율을 보면 한눈에 알 수 있는데 올웨더는 0.37~0.48 수준이나 K-올웨더는 0.8 수준으로 두 배가량 위험 대비 수익이 좋다. [그림30]을 보면 올웨더가 K-올웨더에 비해 조금 더 변동성이 커서 위아래로 출렁거렸음을 확인할 수 있다. 어느 쪽이든 주식의 변동성에 비하면 매우 양호하다는 점은 동일하다.

그림 30 ● 올웨더와 K-올웨더 포트폴리오 누적 움직임 추이 (2000.1-2023.3)

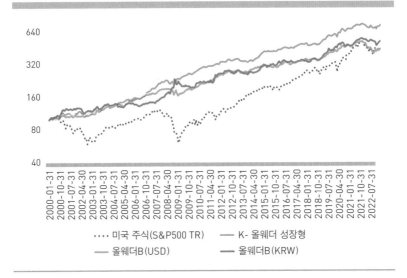

K-올웨더가 올웨더보다 수익률이나 위험성 모두에서 우수한 성과가 나온 이유는 무엇일까? 더 다각화하여 분산했기 때문이라고 본다. 가장 큰 차이점으로 올웨더에서는 통화 분산이 거의 없다. 올웨더A의 신흥국 채권EMLC ETF가 해당 신흥국 통화로 채권에 투자하지만 포트폴리오 전체로 봤을 때 매우 작은 비중이다. 반면 K-올웨더는 적극적인 통화 분산 정책을 선택한다. 미국 달러 통화에 대한 환노출 비율이 50%가 넘으며 중국, 인도에 대한 환노출까지 포함하면 70%이다. 적극적인 환노출로 분산 효과를 높였다. 또한 올웨더는 미국인의 자국 투자를 위해 만든 포트폴리오로 미국 자산 위주로 구성되어 있는 데 반해 K-올웨더는 한국인이 전 세계 자산에 투자한다는 관점에서 선진국, 신흥국 어느 쪽에도 편중되지 않게 분산했다.

'구슬이 서 말이라도 꿰어야 보배'라는 속담이 있다. 아무리 좋은 다이어트 방법을 알더라도 실천하지 않으면 몸무게가 줄어들 리 만무하다. 지식만큼이나 실천이 중요하다. 다음 장부터는 ISA, 연금저축펀드, IRP 각 상품별로 증권사를 선택하고, 계좌를 개설하며, ETF를 매매하는 방법을 설명하니 참고하여 꼭 실천하기 바란다.

# 06.

## ISA~
## 이렇게
## 굴려라

계좌를 개설하기 위해서는 먼저 일임형이나 신탁형 ISA 계좌에서 ETF 매매 시스템을 갖춘 증권사를 찾아야 한다. 최근에는 많은 증권사가 이런 서비스를 하고 있으니 어렵지 않다. 같은 조건이라면 수수료와 각종 비용이 낮은 증권사가 유리하다. 관련 보수는 증권사로 문의해도 되고, 금융투자협회 전자공시서비스dis.kofia.or.kr 사이트의 'ISA다모아' 메뉴에서 회사별로 자료를 비교할 수 있다.

신탁형을 개설하기 위해서는 증권사 영업점을 방문해야 하는 경우도 있으니 해당 증권사에 미리 확인하는 것이 좋다. 일임형의 경우 모바일 비대면 개설이 가능하니 훨씬 간편하다.

그림 31 ● 금융사별 수수료 확인 방법 안내

# 계좌이전
# 제도

 ISA 계좌이전은 ISA 가입자가 가입 금융회사 또는 가입 상품 유형 (신탁형↔일임형↔투자중개형)을 변경하고자 할 때 세제상 불이익 없이 변경이 가능하도록 한 제도를 말한다. 계좌이전 제도에 따라 이전된 계좌는 비과세 및 손익통산 등 세제 혜택이 유지되며, 가입 기간 계산에 있어서도 기존 계약 체결일을 기준으로 적용된다. 그러니 금융회사를 옮길 때는 해지하지 말고 계좌이전 제도를 활용하면 되고 옮기고 싶은 금융회사에 이전 신청을 하면 된다. 계좌이전 과정에서 해지 수수료나 기타 업무 처리 수수료는 발생하지 않는다. 필요한 서류로는 본인 확인이 가능한 신분증, 현재 가입 중인 금융회사명과 가입 상품, 해당 계좌번호가 필요하니 사전에 해당 금융회사에 문의하여 준비하도록 하자. 참고로 ISA 계좌는 1인당 1계좌만 개설이 가능하기 때문에 일부 자금만 이전할 수 없다. 압류, 가입류, 질권 설정 등이 설정되거나 국세청으로부터 부적격자로 통보받은 계좌 등의 경우 이전이 금지된다. 또한 기존 금융기관의 통화(해피콜 등) 등을 통해 신청자의 이전 의사가 확인되지 않는 경우 계좌이전 신청을 했더라도 사후에 이전이 제한될 수 있다.

## ┃ ISA용
## ┃ 포트폴리오

ISA 계좌는 국내 상장된 모든 ETF를 거래할 수 있기 때문에 K-올웨더 포트폴리오를 ISA에서 그대로 이용할 수 있다.

일반적인 백테스트 검증 방식은 대부분 세금을 포함하지 않는다. 과세 방식은 계좌별로, 사람별로, 상황별로 다르다. 따라서 일반적인 결과를 도출하기가 불가능하기 때문에 세금을 포함하지 않고 연구 결과를 분석하는 경우가 많다. 앞서 검증한 K-올웨더의 성과 역시 세금이 발생하지 않았다는 가정하에 계산한 것이다. 그런데 실제로 세상에는 세금이 없는 곳이 없다. 오죽했으면 '미국 건국의 아버지'이자 미국 100달러 지폐의 주인공인 벤저민 프랭클린도 '누구도 죽음과 세금은 피할 수 없다'고 말했을까. 일반 주식 계좌가 아닌 ISA 계좌를 추천하는 이유도 '손익통산+비과세+저율과세+분리과세' 혜택이 있기 때문이다. 먼저 가입 기간 동안의 수익과 손실을 계산(손익통산)한 후 순수익을 기준으로 하며, 순수익 200만 원까지는 세금이 없는 비과세 혜택을 준다. 200만 원 초과 금액은 9.9%의 세율로 과세하는데 이 역시 일반 계좌의 세금인 15.4%보다 낮은 저율과세이고, 종합소득세와 별도로 분리과세한다.(참고로 서민형과 농어민형일 경우 비과세 한도는 400만 원으로 늘어나며, 국내 주식형은 손익통산에 포함하지 않는다.)

일반 증권 계좌에서 거래할 때는 3가지 비용이 발생한다. 먼저 매매 수수료가 발생하며, 분배금에 대한 배당소득세(15.4%)가 원천징수된다. 마지막으로 비용의 대부분을 차지하는 것은 매매차익에 대한 배당소득세(15.4%)다. 정확하게는 매매차익과 과표기준가 상승분 중 적은 것에 과세가 된다. 국내 주식형의 경우 과표기준가가 상승하지 않기 때문에 비과세 효과가 있다.(비과세 혜택을 위해 과표기준가를 상승시키지 않는다고 봐도 무방하다) 다만 국내 주식형을 제외한 나머지 경우는 시장가와 과표기준가가 거의 같이 움직이기 때문에 가격 상승 시에 과세가 된다고 보면 이해하기 쉽다. 국내 주식형 ETF를 제외한 해외 상품, 국채, 원자재 등이 대부분 매매차익에 과세가 되는데, 이런 대상이 ISA에서 절세 효과가 특히 크다. 과연 ISA 계좌의 절세 효과는 얼마나 될까?

계좌 개설 후 2천만 원을 한 차례 납입하고, 3년 단위로 K-올웨더 성장형으로 운용하고 3년 만기 시에 전체 매도한다고 가정했다. 투자자가 어느 시점에 투자를 시작하는지에 따라, 시장 상황이 어떻게 펼쳐지는지에 따라 포트폴리오 성과는 달라진다. 투자 시작 시점이 1999년 12월부터 2020년 3월이라고 했을 때 3년 만기 성과는 연수익률 기준으로 최저 3.3%에서 최고 19.9%를 보이며 평균 9.6%의

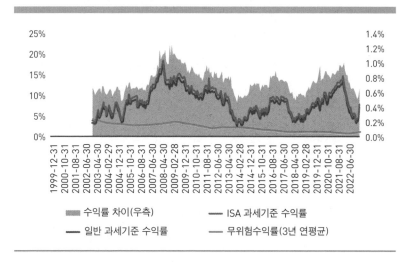

그림 32 ● ISA 계좌의 절세 효과 시뮬레이션(K-올웨더 성장형, 3년 단위 투자의 경우)

수익률 차이(우측)　　　　　ISA 과세기준 수익률
일반 과세기준 수익률　　　　무위험수익률(3년 연평균)

수익이 발생한다. 이 결과는 세금이 포함되지 않은 결과인데, 일반 과세인 경우 연수익률은 최저 2.8%, 최고 17.6%, 평균 8.3%를 보인다. ISA 계좌일 경우는 연수익률이 최저 3.3%, 최고 18.7%, 평균 9.1%로 나오는데, 일반 계좌 대비 수익률 차이가 최저 0.5%, 최고 1.1%, 평균 0.8% 발생한 것이다. 즉 ISA 계좌를 이용할 경우 절세 효과가 연평균 0.8%포인트의 수익률 개선 효과를 보인다고 할 수 있다.(투자 금액이 달라질 경우 절세 효과도 다르며, 일반 계좌인 경우는 종합소득세 등을 감안하지 않은 결과로 ISA 계좌의 절세 효과의 대략적인 수준을 확인할 수 있다)

　ISA 계좌도 단기간에는 손실이 날 수 있다. 하지만 3년 정도의 투자 기간이라면 예금금리(무위험수익률)보다 나은 성과를 보일 것이라고 기대할 수 있다. 이는 K-올웨더 포트폴리오의 안정적인 특징에 따른 결과인데, [그림32]에서 확인할 수 있듯이 3년 단위의 투자라면 2000년

대 초반 고금리 시기를 제외한 전 기간에서 K-올웨더가 무위험수익률
보다 나은 수익을 보였다.

## 실전!
## 투자 따라하기

대부분의 증권사가 ISA 계좌에서 ETF를 매매할 수 있는 기능을
HTS나 홈페이지, 모바일 앱을 통해 제공하고 있다. ISA 계좌에 입금
하면 예수금 조회 메뉴에서 해당 금액을 확인할 수 있다. 매수한 내역
이 있으면 '잔고' 탭에서 조회된다. 기타 매매 방법 및 리밸런싱 방법은
연금저축 계좌와 동일하니 다음 장을 참고하기 바란다.

그림 33 ● ISA 계좌 조회 화면 예시

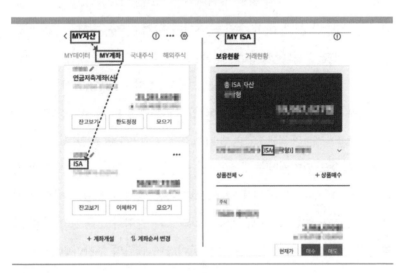

# 07.

# 연금저축펀드~
# 이렇게
# 굴려라

2017년 11월 금융위원회가 기획재정부와 협의해 연금저축에서 ETF 투자 시에 세금 문제가 발생하지 않도록 유권 해석을 내리기로 하면서 증권사 연금저축펀드 계좌에서도 ETF 거래가 본격화됐다. 미래에셋증권이 업계 최초로 연금저축 계좌에서 ETF 매매가 가능한 시스템을 구축하고 서비스를 개시했다. 이후 NH투자증권, 한국투자증권, 키움증권, 삼성증권 등이 해당 서비스를 시작했다. 다만 모든 증권사에서 서비스하지는 않으므로 연금저축펀드 계좌에서 ETF 매매 시스템을 갖춘 증권사를 선택해야 한다.

증권사마다 모바일 앱을 이용해 비대면으로 연금저축 계좌를 개설할 경우 ETF 거래수수료를 무료로 해주는 등의 이벤트가 진행되기도 한다. 계좌 개설 방법은 각 증권사에서 자세히 안내하고 있으니 해당 증권사의 안내에 따르면 된다.

## 계좌이체 제도

　기존에 다른 금융사에 연금저축(신탁, 보험, 펀드) 계좌를 보유한 경우 '계좌이체' 제도를 이용할 수 있다.(일부 금융사에서 '계좌이전' 제도라고 표기하고 있으나 금융감독원에서는 '계좌이체' 제도라고 표기하고 있어 이에 따른다) 계좌이체 제도는 연금 계좌에 있는 금액이 연금 수령이 개시되기 전의 다른 연금 계좌로 이체되는 경우 인출로 보지 않아 과세하지 않고 연금 가입 기간을 존속시키는 제도이다. 계좌이체 제도를 이용할 경우 기타소득세 과세 없이 현재 연금 계좌를 다른 회사의 연금저축 또는 퇴직연금(개인형 IRP)으로 이체할 수 있다.

　계좌이체 제도에 해당되는 첫 번째 경우는 연금저축(신탁, 보험, 펀드) 계좌 상호 간 이체가 해당된다. 대상 계좌에는 2013년 3월 1일 이전에 가입한 과거 조세특례제한법상 (구)개인연금저축과 연금저축이 포함되며, 타 연금저축(보험, 펀드) 계좌로 제한 없이 전액 이체 가능하다. 다만 (구)개인연금저축이나 연금저축으로 이체는 불가하며, 현재 연금저축신탁은 신규 판매가 중단됐다. 연금저축보험은 가입 후 통상 7년 내의 계좌이체 시에 해지공제액이 발생할 수 있다. 두 번째 경우는 연금저축(신탁, 보험, 펀드) 계좌와 개인형 퇴직연금IRP 간 이체하는 경우인

데, 적립 기간 5년이 경과하고 만 55세가 넘은 가입자의 경우 전액 이체 가능하다. 이때 연금저축 계좌와 IRP 상호 간 양방향 모두 계좌이체가 가능하다. 세 번째 경우는 IRP 상호 간 이체할 수 있는데, 2013년 3월 1일 이후 개설된 타 IRP로 제한 없이 전액 이체 가능하다.

계좌이체가 제한되는 경우도 있다. 먼저 연금 수령 중인 계좌는 연금 수령 전인 다른 연금저축 계좌로 전액 이체할 수 있으나 반대의 경우는 불가능하다. 종신연금을 수령 중인 계좌는 상품 특성상 계좌이체가 불가능하다. 2013년 3월 1일 이전에 가입한 연금 계좌로의 계좌이

**그림 34 ● 연금저축 및 개인형 퇴직연금(IRP) 계좌이체 절차**

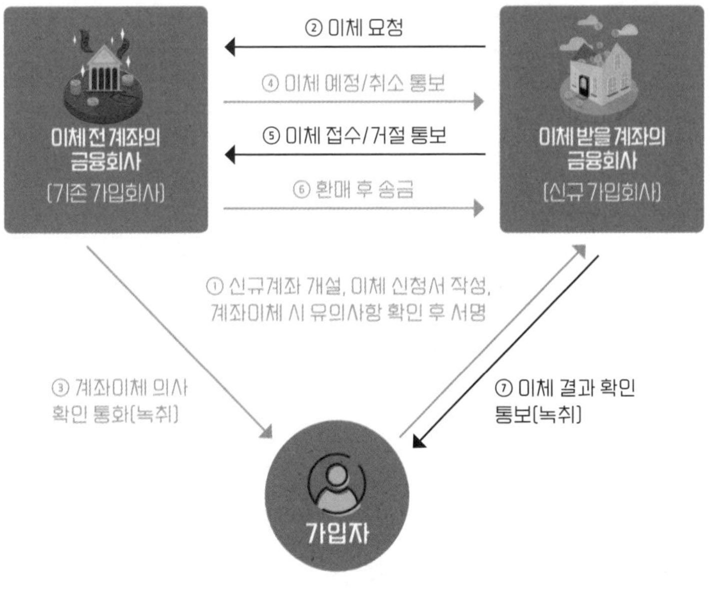

② 이체 요청

④ 이체 예정/취소 통보

⑤ 이체 접수/거절 통보

⑥ 환매 후 송금

이체 전 계좌의
금융회사
(기존 가입회사)

이체받을 계좌의
금융회사
(신규 가입회사)

① 신규계좌 개설, 이체 신청서 작성,
계좌이체 시 유의사항 확인 후 서명

③ 계좌이체 의사
확인 통화(녹취)

⑦ 이체 결과 확인
통보(녹취)

가입자

출처 : 금융감독원

체는 불가능하다. 압류, 가압류, 질권 등이 설정된 계좌는 이체가 불가능하다. 계좌 내 일부 금액의 타 계좌로의 계좌이체는 제한된다.

계좌이체 절차는 [그림34]와 같으며, 가입자는 새로 가입하고자 하는 금융회사(이체받을 계좌의 금융회사)를 방문하거나 온라인으로 계좌이체를 신청하면 된다.

## ▌연금저축펀드용 포트폴리오

연금저축펀드 계좌는 국내 상장된 ETF 중 레버리지와 인버스형 상품을 거래할 수 없다. K-올웨더 포트폴리오를 구성하는 ETF에는 이런 상품이 포함되어 있지 않기 때문에 연금저축펀드 계좌에서 그대로 이용할 수 있다.

## ▌연금저축의 절세 효과로 연 1.9% 수익률 상승

연금저축 계좌의 가장 큰 장점은 연말정산과 과세이연, 저율과세다. 연금저축 계좌의 절세 혜택은 어느 정도의 수익률 개선 효과를 보일까? 가상의 사례를 통해 알아보자.

대학 동기인 홍길동, 김철수, 이민수는 29세가 끝날 무렵인 1999년

12월에 취업해 월급을 받으면서 매달 30만 원 정도를 저축해야겠다고 생각했다. 자산배분 투자법이 인상적이어서 공부를 해두었던 홍길동과 김철수는 K-올웨더 성장형 포트폴리오로 투자하기로 했다. 홍길동은 개인연금으로 노후 준비를 하는 부모님의 추천으로 절세 효과가 좋은 연금저축펀드에 돈을 넣어 운용했다. 반면 김철수는 "겨우 월 30만 원 넣는데 이런 소액에 절세가 무슨 의미가 있겠어. 그리고 연금을 받을 때 어차피 세금 내잖아? 연금도 많이 받으면 종합소득세 낸다던데? 지금 세액공제 받아도 나중에 세금 폭탄 맞으면 무의미한 거 아니야?"라고 생각해 일반 증권 계좌에서 돈을 굴렸다. 이민수는 투자에 관심이 없기도 했지만 "은행 금리가 8% 넘으니 이 정도면 충분하지"라며 급여 통장이 개설된 은행에 적금을 들었다.(그 당시 은행 금리가 진짜 8% 수준이었다)

김철수가 돈을 굴리던 일반 증권 계좌는 매매할 때 증권거래수수료(0.014% 수준)가 발생하며, 분배금에 대한 배당소득세(15.4%)가 원천징수된다. 또한 매매차익에 대해 배당소득세가 발생하는데, 국내 주식형 상품을 제외한 해외 상품, 국채, 원자재 등 대부분이 과세 대상이다. 홍길동이 운용하는 연금저축 계좌는 증권거래수수료가 발생하지만 포트폴리오에 미치는 영향은 아주 미미하다. 연금저축 납입금이 연간 360만 원(=30만 원×12개월)이니 연말정산 때 세액공제로 59만 4천 원(=360만 원×16.5%)을 환급받는다. 홍길동은 환급받은 금액을 소비하지 않고 재투자하기 위해 연금저축 계좌에 추가로 납입했다. 추가 납입금도 세액공제가 적용된다는 점을 잘 알고 있었다.

2023년 3월 말 이들의 계좌 잔고는 어떻게 됐을까? 23년 3개월의 운용 결과 홍길동의 연금저축 계좌는 3억 407만 원이 되었고, 김철수의 증권 계좌는 2억 5,726만 원이 됐다. 이민수의 적금 통장은 1억 656만 원이 됐다. 이들의 성과 차이는 투자 운용 수익률로 설명할 수 있다. 홍길동과 김철수는 자신이 저축한 돈에 관심을 더 두고 신경을 써서 운용했고, 이민수는 은행에 넣어두기만 했다. 이민수의 성과를 시간가중수익률*로 계산하면 연 2.54%로 해당 기간 물가상승률(2.36%)를 가까스로 넘긴 정도다. 김철수는 이민수보다 1억 5,070만 원을 더 모았다. 김철수의 투자 성과를 시간가중수익률로 계산하면 연 8.7%로 예금과 같은 현금성자산보다 3배 높은 수익을 보였다. 높은 수익이 났으니 무조건 좋다는 얘기는 아니다. 김철수는 K-올웨더 포트폴리오를 운용하는 동안 투자에 따르는 위험을 감당했다. 그 위험을 수치로 표시하면 연변동성이 7.5%였고, 최대낙폭이 11%였다. 위험 없는 투자는 없다. 다만 같은 기간 한국 주식의 연변동성이 22%, 최대낙폭이 55%였음을 감안하면 상대적으로 안정적이었다고 말할 수 있다.

김철수의 성과도 우수했으나 홍길동의 잔고는 김철수보다 4,681만 원 더 많았다. 홍길동과 김철수의 투자 포트폴리오는 K-올웨더 성장형으로 동일했다. 하지만 홍길동은 절세 효과가 우수한 연금저축펀드 계좌에서 운용했고 그 덕분에 수천만 원의 차이가 발생했다. 홍길동의 성과를 시간가중수익률로 계산하면 [표46]에서 볼 수 있듯이 연

---

* 투자 금액이 변하지 않았다고 가정하여 투자 전략이나 상품의 수익률을 비교할 때 사용하는 수익률을 시간가중수익률Time Weighted Return 혹은 내부수익률IRR이라고 한다. 계산 방법이 궁금한 독자는 필자 블로그에 계산 방법과 예시 엑셀을 첨부해 두었으니 참고하길 바란다. https://blog.naver.com/ksi0428/220996435503

표 46 ● 연금저축 계좌의 절세 효과에 따른 수익성 개선 분석
(1999.12-2023.3, 시간가중수익률 기준)

| | 연금저축펀드 | | | 일반 계좌 | | | 절세로 인한 성과 개선 | | |
|---|---|---|---|---|---|---|---|---|---|
| | 성장형 | 중립형 | 안정형 | 성장형 | 중립형 | 안정형 | 성장형 | 중립형 | 안정형 |
| 연수익률 | 10.6% | 9.7% | 8.5% | 8.7% | 7.9% | 6.6% | 21.3% | 23.7% | 28.0% |
| 연변동성 | 7.6% | 6.4% | 4.8% | 7.5% | 6.3% | 4.7% | 0.4% | 0.6% | 1.3% |
| 최대낙폭 | 10.7% | -8.2% | -5.0% | -10.8% | -8.4% | -5.1% | -1.4% | -1.6% | -2.2% |
| 샤프비율 | 1.00 | 1.05 | 1.14 | 0.76 | 0.77 | 0.77 | 32.0% | 37.6% | 49.3% |
| 김씨비율 | 0.71 | 0.82 | 1.10 | 0.53 | 0.58 | 0.71 | 34.5% | 40.7% | 54.6% |

10.6%로 나온다. 김철수의 수익률보다 연 1.9%포인트 높은 성과로
수익률 개선 효과가 21.3%나 된다. 연금저축펀드의 절세 효과가 얼마

그림 35 ● 연금저축 계좌와 일반 계좌의 누적 잔고 추이 (1999.12 -2023.3)

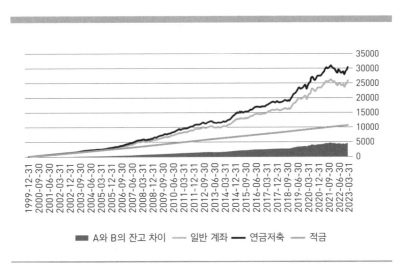

■ A와 B의 잔고 차이 ── 일반 계좌 ▬ 연금저축 ── 적금

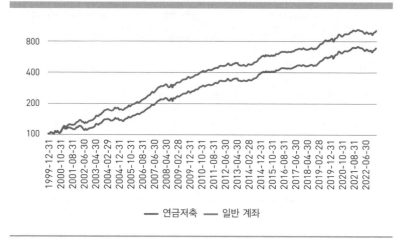

**그림 36** ● **연금저축 계좌와 일반 계좌의 시간가중수익률 기준 운용 성과 추이**
(1999.12 -2023.3, 세로축 로그 단위 표기)

나 되느냐고 물으면 K-올웨더 성장형 기준으로 연 1.9%포인트의 수익률 개선 효과가 발생한다. 중립형이나 안정형의 경우도 수익률 개선 효과는 23.7~28.0%로 우수하며, 위험 대비 수익 지표인 샤프비율이나 김씨비율 역시 [표46]에서 확인할 수 있듯이 30~50%대의 개선 효과를 보인다.

## 연금 인출 시나리오와 세금

23년간 이런 시나리오로 운용해온 홍길동과 김철수는 벌써 53세가 되었다. 7년 후인 60세에 30년간의 직장 생활을 은퇴하게 된다. 김철수는 절세 혜택은 못 봤지만 연금을 받을 때 비과세니까 자기가 더 유리할 수 있다고 얘기했고, 김철수의 얘기를 들은 홍길동 역시 너무 많은 세금을 내지 않을까 궁금했다. 이들은 60세에 은퇴해 모은 돈으로 노후 생활비를 얼마나 쓸 수 있는지 궁금했다. 전문가를 만나 얼마씩 인출해야 되는지, 세금은 얼마나 내는지 문의했다.

연금 투자 및 세금 전문가는 홍길동과 김철수의 얘기를 듣고 인출 금액과 그에 따른 세금을 가상으로 계산해주었다. 먼저 60세가 되는 시점에 홍길동과 김철수의 잔고는 각각 5억 9,521만 원, 4억 5,593만 원이 된다. 김철수는 노후 생활비 목적으로 자신의 증권 계좌에서 인출을 해도 별다른 세금이 없다.(매매차익에 대한 과세는 이미 반영하여 시뮬레이션함) 반면 홍길동은 연금저축 계좌이기 때문에 인출 방법에 따라 세금이 달라진다.

연금저축 계좌의 경우 최소 5년 이상 납입하고, 55세 이후에 10년 이상 연금으로 수령해야 연금소득으로 보고 연금소득세율(3.3~5.5%)로 과세된다. 단 연간 수령액이 1,200만 원이 넘으면 수령 금액 전체에 대해 연금소득세에 비해 세율이 높은 종합소득세(6.6~49.5%) 혹은 분리과세(16.5%) 중 하나를 선택해야 한다.

전문가는 국세청 사이트에서 연금소득금액 계산 방법*을 보여주며 설명해줬다. 낯선 법률 용어가 익숙하지 않았지만 전문가의 말을 끝까지 들으며 이해하려고 노력했다. 먼저 연금소득수입금액(①)에서 비과

---

* 참고: 국세청 연금소득금액 계산 방법
  https://www.nts.go.kr/nts/cm/cntnts/cntntsView.do?mi=6609&cntntsId=7889

세소득(장해연금 등)을 뺀 값인 총연금액(②)을 계산한다.

　연금소득수입금액(①)은 공적연금과 퇴직연금, 개인연금 등을 합하여 계산한다. 공적연금은 국민연금과 직역연금으로 나뉘는데 직역연금이란 공무원연금, 사학연금, 군인연금, 별정우체국연금을 말한다. 퇴직연금은 DC, IRP, 과학기술인공제회법에 따른 퇴직연금이 해당된다. 개인연금은 연금저축 계좌를 통해 발생하는 연금소득으로 연금저축보험, 연금저축펀드, 연금저축신탁, 연금저축공제(기타 공제사) 등이 있다.

　홍길동은 일반 직장에 근무했기 때문에 공적연금 중 국민연금에 의무 가입되어 있었다. 국민연금을 얼마나 받게 되는지는 납입한 국민연금보험료와 납입 기간, 수령 시기 등에 따라 달라져 정확한 추정이 어렵기 때문에 여기서는 연간 1,200만 원을 수령한다고 가정한다.(수령 나이의 경우 1969년생 이후는 조기노령연금은 60세, 노령연금은 65세부터 지급 개시되나 여기서는 계산의 편의상 60세부터 받는다고 가정했다) 비과세소득이나 퇴직연금도 없다고 가정했고, 개인연금인 연금저축에서 연간 5,000만 원을 수령할 경우 연금소득수입금액(①)과 총연금액(②)은 동일하게 6,200만 원(=국민연금 1,200만 원+개인연금 5,000만 원)이 된다.

**표 47 ● 연금소득 공제 금액 계산 기준** [소득세법 제472조의 2, 2023년 4월 기준]

| 총연금액 | 공제액 |
|---|---|
| 350만 원 이하 | 총연금액 |
| 350만 원 초과 700만 원 이하 | 350만 원+(350만 원을 초과하는 금액의 40%) |
| 700만 원 초과 1400만 원 이하 | 490만 원+(700만 원을 초과하는 금액의 20%) |
| 1,400만 원 초과 | 630만 원+(1,400만 원을 초과하는 금액의 10%) |

다음으로 연금소득공제(③) 금액을 [표47]에 따라 계산하면 900만 원을 공제받게 된다. 총연금액(②)에서 연금소득공제(③)를 뺀 값인 연금소득금액(④)은 5,300만 원이 된다. 여기서 인적공제(⑤)를 반영해야 하는데, 계산의 편의상 본인과 배우자 외의 부양가족이 없으며, 추가공제도 없다고 가정해 1인당 150만 원씩 총 300만 원을 공제한다.

연금소득금액(④)에서 인적공제(⑤)를 뺀 5,000만 원이 과세표준(⑥)이 된다. [표48]에 따르면 과세표준(⑥) 5,000만 원에 해당하는 세율이 15%이니 이를 곱한 후 누진공제액 108만 원을 빼면 종합소득세 산출세액(⑦)은 642만 원(지방소득세 포함 시에는 706만 원)이 된다. 이때 홍길동은 종합소득세와 분리과세 중에 선택할 수 있기 때문에 분리과세 산출세액을 계산해봐야 한다. 분리과세의 경우 연금소득금액(④) 5,300만 원에 세율 15%(지방소득세 포함 시에는 16.5%)를 곱한 금액인 795만 원(지방소득세 포함 시에는 875만 원)이 산출세액이 된다. 홍길동이

표 48 ● **소득세 과세표준 구간 및 세율**[소득세법 제55조, 2023년 4월 기준, 지방소득세 제외]

| 종합소득 과세표준 | 세율 | 누진공제 |
|---|---|---|
| 1,400만 원 이하 | 6% | - |
| 1,400만 원 초과 5,000만 원 이하 | 15% | 108만 원 |
| 5,000만 원 초과 8,800만 원 이하 | 24% | 522만 원 |
| 8,800만 원 초과 1억 5,000만 원 이하 | 35% | 1,490만 원 |
| 1억 5,000만 원 초과 3억 원 이하 | 38% | 1,940만 원 |
| 3억 원 초과 5억 원 이하 | 40% | 2,540만 원 |
| 5억 원 초과 10억 원 이하 | 42% | 3,540만 원 |
| 10억 원 초과 | 45% | 6,540만 원 |

연금저축 계좌에서 연간 5,000만 원을 인출할 경우 종합소득세 산출세액(642만 원)이 분리과세 산출세액(795만 원)보다 작으므로 종합소득세를 선택하면 된다.

## 매달 30만 원 납입으로 90세까지 월 370만 원 받기

홍길동이 연금저축에서 연간 5,250만 원을 인출할 때 세금(지방소득세 포함 812만 원)을 납부하고 나면 실제 생활비로 사용할 수 있는 금액은 세후 4,438만 원이다. 김철수가 자신의 증권 계좌에서 4,438만 원을 인출하면 홍길동과 김철수의 노후 생활비는 월 370만 원으로 같아진다. 이런 식으로 생활비를 찾으면 몇 세까지 찾아 쓸 수 있을까?

홍길동과 김철수가 60세에 만든 금액은 앞서 보았듯 5억 9,521만 원, 4억 5,593만 원으로 다르다. 또한 이들이 매년 노후 생활비를 인출하고 난 나머지 금액은 기존과 같은 방식으로 굴릴 것인데 홍길동의 연금 계좌는 과세이연 기능이 있어 김철수보다 유리하다. 연금저축 기준으로 연간 5,250만 원(일반 계좌 기준 4,438만 원)을 인출해 사용하면 김철수는 78세, 홍길동은 90세까지 쓸 수 있다. 김철수의 투자도 나쁘다고 할 수 없다. 월 30만 원씩 넣었을 뿐인데 은퇴 후 20년간 매달 370만 원의 생활비를 쓸 수 있으니까 말이다. 하지만 홍길동과 같이 연금저축 계좌를 이용했다면 노후 생활비가 따박따박 나오는 기간이 일반 증권 계좌보다 12년 더 길어진다.

[그림37]의 ㉯는 홍길동과 김철수가 은퇴 후 월 생활비로 370만 원을 쓸 때 계좌 잔고가 어떻게 변해가는지 그 모습을 그린 것이다. 생활비를 더 쓰면 당연히 잔고는 빠르게 사라질 것이다. ㉰는 홍길동이 연간 6,000만 원을 인출하고 1,010만 원의 종합소득세를 내고 남은 금액(4,990만 원)으로 월 생활비 416만 원을 찾아 쓰는 경우다. 이때 홍길동은 78세, 김철수는 74세까지 생활비 인출이 가능하다. 연금 계좌에서 연간 7,000만 원을 인출하면 홍길동과 김철수는 각각 72세, 70세까지 생활비를 쓸 수 있다. 이런 식으로 돈을 많이 찾아 쓰면 홍길동이나 김철수나 잔고가 바닥나는 시기가 크게 차이 나지 않는다는 것을 알 수 있다.

[그림37]의 ㉮는 홍길동이 연금 계좌에서 연간 4,000만 원을 인출해 541만 원의 세금을 낸 후 월 생활비로 288만 원(연간 3,459만 원)을 사용하는 경우다. 즉 김철수는 연간 3,459만 원을 인출하면 된다. ㉯혹은 ㉰와 다르게 잔고가 오히려 늘어나고 있음을 알 수 있는데, 이는 인출해서 쓰는 돈이 매년 불어나는 돈보다 작기 때문에 발생하는 현상이다. 100세까지 생존해 계좌를 굴린다면 김철수의 계좌는 60세 때 모였던 금액인 4억 5,593만 원보다 더 늘어난 6억 4,725만 원이 된다. 홍길동의 경우 잔고가 무려 37억 원이 된다. 남은 가족에게 물려주거나 기부를 하기에도 충분한 금액이다. 37억 원이라는 숫자를 보고 계산이 잘못되었다고 생각할 수도 있다. 무려 40년간의 복리 수익이라 가능한 것이다. 세계 5위 부자인 워런 버핏의 재산은 포브스의 발표에 따르면 2023년 2월 기준으로 135조 원(1,074억 달러)이다. 그런데 버핏의 순자산 중 99%가 그의 나이 65세 이후에 축적된 것이라고 한다.

2023년 버핏의 나이는 만92세이며 여전히 버크셔 해서웨이의 회장으로 활발한 투자 활동을 하고 있다. 평범한 일반인이 그와 같이 열정적이며 오랫동안 투자에 임하기는 어려울 것이다. 하지만 월 30만 원씩 모아서 굴리는 것만으로 은퇴 이후에 월 370만 원의 생활비를 90세까지 받을 수 있다는 것만해도 일반인에겐 매우 의미가 있다.

홍길동은 전문가의 조언을 듣고 꽤 안심했다. 2023년 기준 기대수명이 83.6세라고 하고, 100세 시대라고 하지만 연금저축 계좌만으로도 월 370만 원의 생활비가 준비될 수 있으니 말이다. 전문가는 덧붙여서 미래에 물가가 얼마나 오르냐에 따라 돈의 가치(구매력)는 달라진다는 점을 설명했다. 또한 금액이 많지 않더라도 국민연금이 사망할 때까지 나올 것이고, 회사에 납입해주고 있는 퇴직연금도 있으니 같이 활용하면 생활비에 도움이 된다는 점도 얘기했다.

**그림 37 ● 인출 금액에 따른 잔고 변화**

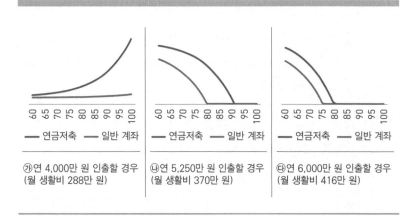

㉮연 4,000만 원 인출할 경우
(월 생활비 288만 원)

㉯연 5,250만 원 인출할 경우
(월 생활비 370만 원)

㉰연 6,000만 원 인출할 경우
(월 생활비 416만 원)

## 연금소득 종합소득세와 분리과세 어느 게 나은가요?

홍길동은 종합소득세가 아닌 분리과세가 유리한 경우가 있는지 전문가에게 문의했다. 전문가는 [표49]를 이용해 설명해주었다. 세로축의 0~3,000만 원은 공적연금의 연간 수령 금액이고, 가로축은 퇴직연금과 개인연금 수령액으로 2,000만 원부터 1억 원까지다.

예를 들어 공적연금을 연간 600만 원 받고, 퇴직연금과 개인연금을 2,000만 원 받을 경우는 종합소득세를 선택하는 것이 분리과세를 선택하는 것보다 세금을 171만 원 덜 낸다.

즉 [표49]에서 마이너스로 표기된 부분은 종합소득세가 분리과세보다 유리한 부분이고, 숫자에 마이너스 표시가 없는 부분은 분리과세가 유리한 경우다. 공적연금을 600만 원 받고, 퇴직연금과 개인연금을 7,000

**표 49 ● 공적연금과 사적연금 수령액에 따른 종합소득세 및 분리과세 적용 시의 연단위 세금 차이**
[세로 축: 공적연금 수령액, 가로축 : 퇴직연금과 개인연금 수령액, 단위 : 만 원]

|  | 2,000 | 3,000 | 4,000 | 5,000 | 6,000 | 7,000 | 8,000 | 9,000 | 10,000 |
|---|---|---|---|---|---|---|---|---|---|
| 0 | -117 | -153 | -153 | -153 | -153 | -45 | 45 | 135 | 225 |
| 600 | -171 | -153 | -153 | -153 | -81 | 9 | 99 | 189 | 345 |
| 1,200 | -153 | -153 | -153 | -153 | -27 | 63 | 153 | 265 | 465 |
| 1,800 | -153 | -153 | -153 | -63 | 27 | 117 | 207 | 385 | 585 |
| 2,400 | -153 | -153 | -99 | -9 | 81 | 171 | 305 | 505 | 705 |
| 3,000 | -153 | -153 | -45 | 45 | 135 | 225 | 425 | 625 | 825 |

만 원 받으면 분리과세가 종합소득세보다 9만 원 정도 세금이 적다.

총연금액이 대략 월 630만 원(연 7,560만 원)이 넘을 경우 분리과세가 종합소득세보다 유리하게 나온다. 단 이 표의 내용은 홍길동의 사례를 가정해 단순화시켜 계산한 것이기에 일반적인 경우로 적용시켜 얘기할 수는 없다. 실제 연금 수령 시에는 세무사 등을 통해 정확히 상담할 필요가 있다.

## 소액 적립식으로 투자하는 법

홍길동이나 김철수처럼 월 30만 원씩 납입하며 투자하는 경우 포트폴리오의 모든 ETF를 매수할 수 없다. 매달 소액으로 적립하거나 납입 금액이 적을 경우에는 납입할 때마다 비중을 맞추는 방법을 쓰면 된다.

[표50]의 사례는 K-올웨더 중립형을 적립식으로 투자하는 경우다. 7월 31일 처음 30만 원을 납입했다. 이때 미국 주식 비중이 20%이니 60,000원(=300,000×20%)이 'KODEX 미국S&P500TR'에 할당된다. 이 ETF의 1좌당 가격이 12,350원이고 4좌를 매수하며 49,400원을 사용하고 나머지 10,600원은 현금으로 남는다. 이런 식으로 나머지 ETF도 매수를 진행하면 된다. 그런데 한국 주식의 경우 할당된 자금은 18,000원인데 'KOSEF 200TR' ETF의 단가가 37,000원이니 1좌도 사지 못한다. 포트폴리오 입장에서는 약간의 미완성이지만 괜찮다.

표 50 ● K-올웨더 적립식 투자 시의 추가 매수 방법 사례(단위 : 원)

| 종목명 | 7월 31일(적립 금액: 300,000원) | | | | | 8월 30일(적립 금액: 300,000원) | | | | |
|---|---|---|---|---|---|---|---|---|---|---|
| | 목표 배분 비중 | 목표 보유 금액 | 1좌당 가격 | 실제 매수 좌수 | 매수 후 잔고 | 1좌당 가격 | 목표 보유 금액 | 목표 보유 좌수 | 실제 매수 좌수 | 매수 후 잔고 |
| 미국 주식 (UH) (KODEX 미국 S&P500TR) | 20.00% | 60,000 | 12,350 | 4.0 | 49,400 | 12,550 | 120,083 | 9.0 | 5.0 | 112,950 |
| 한국 주식 (KOSEF 200TR) | 6.00% | 18,000 | 37,000 | 0.0 | - | 36,000 | 36,025 | 1.0 | 1.0 | 36,000 |
| 중국 주식(UH) (KODEX 차이나 CSI300) | 7.00% | 21,000 | 11,750 | 1.0 | 11,750 | 11,500 | 42,029 | 3.0 | 2.0 | 34,500 |
| 인도(UH) (KODEX 인도 Nifty50) | 7.00% | 21,000 | 10,405 | 2.0 | 20,810 | 10,200 | 42,029 | 4.0 | 2.0 | 40,800 |
| 금(UH) (ACE KRX 금현물) | 16.00% | 48,000 | 11,910 | 4.0 | 47,640 | 12,010 | 96,066 | 7.0 | 3.0 | 84,070 |
| 미국채10년(UH) (KODEX 미국채 10년선물) | 6.00% | 18,000 | 11,350 | 1.0 | 11,350 | 11,050 | 36,025 | 3.0 | 2.0 | 33,150 |
| 미국채 30년(H) (ACE 미국 30년 국채액티브(H)) | 6.00% | 18,000 | 9,445 | 1.0 | 9,445 | 9,245 | 36,025 | 3.0 | 2.0 | 27,735 |
| 국고채 30년 (RISE KIS 국고채 30년 Enhanced) | 12.00% | 36,000 | 66,960 | 0.0 | - | 66,760 | 72,050 | 1.0 | 1.0 | 66,760 |
| 현금성자산 (TIGER KOFR금 리액티브 (합성)) | 20.00% | 60,000 | 101,700 | 0.0 | - | 101,800 | 120,083 | 1.0 | 1.0 | 101,800 |
| 현금 잔고 | | | | | 149,605 | 149,979 | | | | 62,649 |
| 합계 | 100% | 300,000 | | | 300,000 | 300,414 | 600,414 | | | 600,414 |

다음 달인 8월 30일 종목별로 가격이 변한다. 미국 주식처럼 가격이 상승한 ETF도, 한국 주식처럼 하락한 ETF도 있다. 지난달에 매수한 좌수에 ETF별 단가를 곱한 값인 총 잔액도 변한다. 현금 잔고도 약간의 이자가 붙는다. 지난 달에 30만 원이었던 잔고가 300,414원으로 바뀌었다. 이날 저녁에 추가로 300,000원을 입금하면 총 잔고는 600,414원이 된다.

포트폴리오의 총 금액이 변했으니 각 ETF별 목표 보유 금액도 변한다. 미국 주식(KODEX 미국S&P500TR)의 목표 배분 비중이 20%이니 120,083(=600,414×20%)원을 보유해야 한다. 이를 1좌당 가격(12,550원)으로 나누면 목표 보유 좌수는 9좌가 된다. 지난달에 매수해 보유 중인 4좌가 이미 있으니 추가로 매수할 좌수는 5좌이다. 즉 5좌를 추가로 매수해 총 9좌를 보유하면 된다. 한국 주식의 경우 목표 보유 금액이 36,025원이 되는데, ETF 단가가 36,000원으로 1좌를 매수해 보유하면 된다. 지난달에는 매수하지 못했지만 이번 달에 자금이 추가 적립되어 매수하게 된 것이다. 이런 식으로 매달 적립하며 부족했던 자산들을 추가 매수하면 포트폴리오 관점에서 부족한 부분이 채워진다.

## 초간단
## 3종목 자산배분

소액 적립식 투자의 내용을 읽었으나 여전히 복잡하다고 느낄 수 있다. 금액이 작으면 별로 신경 쓰고 싶지 않은 마음이 드는 게 사실이다.

그런 경우를 위해 단 3종목으로 시작하는 K-올웨더 포트폴리오를 소개한다. 3종목 K-올웨더는 말 그대로 3종목으로 구성하는데, ETF 이름은 'KODEX 미국S&P500TR', 'ACE KRX금현물', 'KODEX 200 미국채혼합'이다. 3종목으로 제대로 자산배분을 할 수 있을까 생각될 수 있다. 하지만 이 종목들을 분석해보면 다르다.

먼저 'KODEX 200미국채혼합' ETF를 이해해야 한다. 이 상품은 한국 주식(코스피200)과 미국 국채10년물에 약 4:6의 비율로 투자한다. 미국 국채의 경우 환노출로 투자하기 때문에 투자금의 60%는 달러에 투자하는 것과 같다. 즉 한 개의 ETF로 3개 자산에 투자하는 효과가 있다. 이 상품 하나만 가져가기는 아쉽다. 일단 신흥국 주식인 한국 주식만 있어서 움직임이 다른 미국 주식(KODEX 미국S&P500TR)을 추가했다. 그리고 달러와 낮은 상관성을 가지며 여러 자산과 움직임이 다른 금 ETF(ACE KRX금현물)까지 추가했다. ETF로는 3개지만 실제로는 주식에 50%(미국 30%, 한국 20%), 국채에 30%, 금에 20%를 투자하

표 51 ●초간단 3종목 K-올웨더 포트폴리오

| 추천 ETF | 비중 | 자산군 | 비중 |
|---|---|---|---|
| KODEX 미국 S&P500TR | 30 % | 미국 주식 | 30% |
| ACE KRX 금현물 | 20% | 한국 주식 | 20% |
| KODEX 200 미국채혼합 | 50% | 미국 국채 | 30% |
| 합계 | 100% | 금 | 20% |
| | | 합계 | 100% |

표52 ● 3종목 K-올웨더와 기존 K-올웨더 백테스트 성과 분석(1999.12 -2023.3)

| | 3종목 K-올웨더 | K-올웨더 성장형 | K-올웨더 중립형 | K-올웨더 안정형 |
|---|---|---|---|---|
| 기간수익률 | 410% | 629% | 502% | 359% |
| 연수익률 | 7.3% | 8.9% | 8.0% | 6.8% |
| 연변동성 | 8.2% | 7.5% | 6.3% | 4.7% |
| 최대낙폭 | 15% | 12% | 10% | 7% |
| 손실최장기간 | 19 | 16 | 15 | 15 |
| 손실고통크기 | 1.85 | 1.04 | 0.85 | 0.60 |
| 샤프비율 | 0.52 | 0.79 | 0.80 | 0.80 |
| 김씨비율 | 0.29 | 0.49 | 0.52 | 0.54 |

게 된다. 또한 환노출 상품의 편입으로 달러 투자 효과도 있다.

투자 비중도 한 가지만 예시를 들었다. 금액이 소액이거나 간단한 방법을 원하는 경우의 포트폴리오이니 그렇다. 3종목 K-올웨더와 기존 K-올웨더의 성과는 어떻게 다를까? 앞서 본 것과 같은 백테스트 결과로 알아보자. [표52]의 내용은 3종목 K-올웨더와 기존의 9종목 K-올웨더를 비교한 것이다. 연수익률로는 3종목이 기존의 성장형과 중립형보다 못하고, 안정형보다는 높은 7.3%의 수익률을 보였다. 연변동성은 3종목인 경우 8.2%로 9종목 K-올웨더들보다 더 위험하다. 최대낙폭 역시 3종목이 15%로 기존보다 더 위험하다. 손실최장기간 등 전반적인 위험 지표들이 전부 더 안 좋게 나온다. 결국 샤프비율과 김씨비율 역시 3종목이 기존 9종목 K-올웨더보다 낮게 나온다. 이런 결과가 나오는 것은 어떻게 보면 당연하다. 9종목 K-올웨더가 더 잘 분산되었기 때문이다. 투자 금액이 소액이고 뭔가 더 간단한 것을 원한다면 3종목으로 해도 된다. 하지만 이왕 하는 거 조금 더 신경 써서 9종목으로 하길 권한다.

## 실전!
## 투자 따라하기

그림 38 ● 연금저축 계좌 잔고 확인 예시

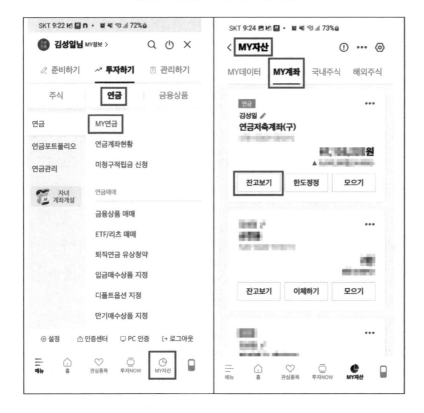

M증권사의 경우 연금저축 계좌에서 ETF를 매매하려면 HTS나 홈페이지를 이용하거나 모바일 앱을 사용할 수 있다.

### 잔고, 예수금 확인

연금저축 계좌에 입금한 후 모바일 앱에서 예수금 및 잔고 내용 등을 확인할 수 있다. 메뉴명 등은 증권사마다 다르나 연금이나 자산 등의 키워드로 찾으면 쉽게 되어 있다.

### 매수/매도하기

계좌 잔고를 조회하는 화면이나 매매 화면에서 원하는 ETF를 선택하면 매수 혹은 매도를 할 수 있다.

[그림39]의 오른쪽 화면을 보면 해당 ETF의 매수/매도 호가가 나와 있다. 현재 이 상품은 1주당 42,035원~42,100원에서 거래되고 있다. 아래쪽으로 갈수록 싸게 사려는 매수기대 가격이고 위쪽으로는 비싸게 팔고자 하는 매도기대 가격이다. 42,050원 오른쪽의 숫자 '1'은 저 가격에 사려는 수량이다. 반면 42,070원 오른쪽의 '65'는 매도하고자 하는 수량이다. 여기서 가격을 선택하고 수량을 입력한 다음 '매수' 버튼을 누르면 매수가 된다. 매수/매도 시에 창의 윗부분이 매수인지 매도인지 반드시 확인한다. 기타 정정거래, 취소거래 등은 각 증권사의 안내문을 참고하기 바란다.

### 리밸런싱 하기

자산배분 전략의 핵심은 리밸런싱(자산재분배)이라고 했다. 자산 간 비중을 조절해주어야 한다. 1~3개월에 한 번 정도는 계좌를 확인하고 재분배 수행을 권한다. 잔고를 볼 때 종목별 평가손익과 수익률을 보면 희비가 갈린다. 오른 종목은 더 사고 싶고 떨어진 종목은 팔아버리고 싶어진다. 하지만 자산배분 전략에서 중요한 항목은 자산별 비중이다. 평가 금액을 보고 자산 비중을 조절해야 한다. 미리 정해놓은 비중보다 커진 종목은 비중이 커진 만큼 매도하고, 반대로 비중이 줄어든 종목은 그만큼 매수한다.

### 그림 39 ● 연금저축 계좌 매매 화면 예시

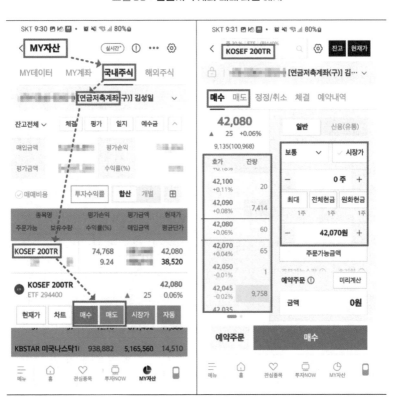

# 08.
# IRP~
# 이렇게
# 굴려라

미래에셋증권이 2012년 가장 먼저 퇴직연금 IRP 계좌에 ETF 매매 서비스를 도입했고 이후 삼성증권 등 대형 증권사 위주로 서비스를 시작했다. 다만 모든 증권사에서 서비스하지는 않으므로 퇴직연금 계좌에서 ETF 매매 시스템을 갖춘 증권사를 선택해야 한다. 증권사마다 모바일 앱을 이용해 비대면으로 가입이 가능하다. 계좌 개설 방법은 각 증권사에서 자세히 안내하고 있으니 해당 증권사의 안내에 따르면 된다.

참고로 주요 시중은행들도 2021년 말부터 퇴직연금으로 ETF에 투자할 수 있는 서비스를 제공하기 시작했다. 퇴직연금을 ETF로 운용하는 수요가 많아지자 이에 대응하기 위한 은행의 자구책이다. 은행은 고객과 신탁 계약을 맺고 퇴직연금 가입자가 ETF 주문을 내면 은행이 매매를 대행하는 형태로 서비스를 제공한다. 은행에서 IRP 계좌를 개설해 ETF를 매매할 수 있는 것이다. 그런데 신탁 계약의 형태라서 ETF 매매에 짧게는 30여 분, 길게는 하루 늦게 거래가 체결되는 단점이 있다. 더 큰 문제는 매매 가능한 ETF 종류가 수십 가지 수준으로 제한적이라는 부분이다. 은행권의 IRP 계좌에서 ETF로 투자하기에는 원활한 투자 포트폴리오 운용에 한계가 많다.

## 계좌이체 제도

기존에 다른 금융사에 IRP 계좌를 보유한 경우 '계좌이체' 제도를 이용할 수 있다.(일부 금융사에서 '계좌이전' 제도라고 표기하고 있으나 금융감독원에서는 '계좌이체' 제도라고 표기하고 있어 이에 따른다) IRP의 계좌이체 제도는 연금저축의 경우와 동일하니 앞의 내용을 참고하기 바란다.

## IRP용 포트폴리오

연금저축펀드에서는 국내 상장된 ETF 중 레버리지와 인버스형 상품만 거래가 안 되기 때문에 K-올웨더 포트폴리오를 그대로 활용해 투자할 수 있었다. 하지만 IRP 계좌의 경우 연금저축보다 거래할 수 있

는 ETF에 제한이 많다. 퇴직연금 감독 규정에서 금지하고 있는 ETF
는 실물 ETF 중 위험 평가액 40%를 초과하는 ETF 등이다. 레버리지,
인버스 ETF 및 증권 이외 기초 자산인 합성 ETF도 매매가 불가능하다.

퇴직금의 목적 달성을 위해 위험한 상품을 제한한다는 취지는 이해
하지만 일괄적으로 너무 많은 ETF를 거래에서 제외시켰다는 건 안타
깝다. 특히 환노출 미국채 상품인 'KODEX 미국채10년선물'의 경우

### 표 53 ● IRP 용 K-올웨더 포트폴리오 예시

| 구분 | 자산군<br>(추천 ETF) | MP | 성장형 | 중립형 | 안정형 |
|---|---|---|---|---|---|
| 주식 | 미국 주식(UH)<br>(KODEX 미국 S&P500TR) | 25.0% | 24.0% | 20.0% | 15.0% |
| | 한국 주식<br>(KOSEF 200TR) | **3.0%** | **3.5%** | **2.0%** | **2.0%** |
| | 중국 주식(UH)<br>(KODEX 차이나 CSI300) | 8.5% | 8.0% | 7.0% | 5.0% |
| | 인도(UH)<br>(KODEX 인도 Nifty50) | 8.5% | 8.0% | 7.0% | 5.0% |
| 대체투자 | 금(UH)<br>(ACE KRX 금현물) | 20.0% | 19.0% | 16.0% | 12.0% |
| 국채<br>(+주식) | 미국채10년(UH)+한국 주식<br>(KODEX 200미국채혼합) | **12.5%** | **11.5%** | **10.0%** | **7.5%** |
| | 미국채 30년(H)(H)<br>(ACE 미국30년 국채액티브(H)) | 7.5% | 7.0% | 6.0% | 4.5% |
| | 국고채 30년<br>(RISE KIS국고채 30Enhanced) | 15.0% | 14.0% | 12.0% | 9.0% |
| 현금성자산 | 현금성자산<br>(TIGER KOFR 금리액티브(합성)) | 0.0% | 5.0% | 20.0% | 40.0% |
| | 합계 | 100.00% | 100.00% | 100.00% | 100.00% |

는 글로벌 투자자가 안전자산으로 생각하는 달러와 미국 국채에 동시에 투자할 수 있는 자산임에도 '선물'이라는 이유로 퇴직연금 계좌에서는 거래가 제한되어 있다. 이 밖에도 국채 등의 안전자산을 30% 이상 보유해야 하는 규정도 있다.

IRP 계좌에서는 앞서 설명한 K-올웨더 포트폴리오를 그대로 굴릴 수가 없다. 앞서 말한 규정을 준수하도록 포트폴리오를 변경했다. [표 53]의 IRP용 K-올웨더를 보면 기존 K-올웨더에 포함됐던 'KODEX 미국채10년선물'이 빠지고 'KODEX 200미국채혼합' ETF가 추가되었다. 'KODEX 200미국채혼합'은 한국 주식과 환노출 미국채에 4:6으로 투자하는 상품이다. 그에 따라 'KOSEF 200TR' 배분 비중도 줄여 전반적인 밸런스를 맞췄다. 실제 투자하는 자산군 관점에서 보면 기존의 K-올웨더와 IRP용 K-올웨더의 배분 비중은 거의 같다.

백테스트 결과를 보면 기존 K-올웨더와 IRP용 K-올웨더가 거의 차이가 없다. 실제 투자 자산군과 투자 비중이 거의 같기 때문에 당연한 결과일 것이다. 하지만 실제 운용 시에는 IRP용 K-올웨더의 성과가 낮을 것이라고 예상한다. 백테스트를 할 경우 실제 ETF를 운용하며 발생하는 운용 보수 등이 정확히 반영될 수 없기 때문이다. 2023년 5월 말 기준 'KODEX 200미국채혼합'의 운용 보수는 연 0.35%로 투자금에서 그만큼이 비용으로 빠진다는 얘기다. 예를 들어 IRP용 K-올웨더 중립형으로 1억 원을 투자했다면 그중 10%인 1천만 원으로 'KODEX 200미국채혼합'을 매수했을 것이다. 이 경우 매년 운용 보수로 1천만 원의 0.35%인 35,000원이 빠지는 것이다.

반면 'KODEX 미국채10년선물'의 보수는 연 0.09%이고 'KOSEF

200TR'은 그보다 더 낮은 0.012%다. 이 두 ETF를 6:4로 섞어서 직접 운용할 때의 보수를 간단히 계산하면 0.0588%(=0.09%×0.6+0.012%×0.4)가 된다. 'KODEX 200미국채혼합'의 0.35%에 비해서 6분의 1 수준으로 매우 낮아진다. 보수 비용의 차이는 수익의 크기와 직결된다. 이런 식의 차이가 발생할 수 있기 때문에 K-올웨더 포트폴리오가 IRP용 K-올웨더보다 다소 낫다.

## IRP의 절세 효과는 얼마나 될까?

IRP의 세제 혜택은 연금저축과 동일하다. 이 부분은 7장의 내용을 참고하기 바란다. 물론 IRP의 세액공제 한도가 더 크기 때문에 추산 금액이 달라진다. 이 부분은 다음의 '매달 75만 원 납입으로 90세까지 월 966만 원 받기'에서 자세히 설명한다.

## 매달 75만 원 납입으로 90세까지 월 966만 원 받기

연금저축 부분에서 계산한 홍길동의 노후 자금은 5억 9,521만 원이었다. 이는 연금저축 계좌에 매달 30만 원을 납입했을 경우였다. 만약 홍길동이 연금저축과 IRP에 월 75만 원씩 납입했다면 어땠을까? 이 경우 연간 900만 원이라는 세액공제 한도를 다 채우게 된다. 그 결과 세액공제로 148만 5천 원을 돌려받는다. 다만 돌려받은 돈을 연금 계좌에 재투자했을 경우 추가적인 세액공제는 없다. 대신 과세이연과 저율과세 혜택은 동일하게 받는다. 이런 식으로 60세까지 굴린 홍길동의 개인연금(연금저축 + IRP) 잔고는 14억 5,441만 원이 된다. 같은 금액을 납입해 투자한 김철수의 11억 3,983만 원보다 3억 원 이상 많다.

홍길동의 개인연금(연금저축 + IRP) 잔고 14억 5,441만 원으로 얼마 동안 얼마나 쓸 수 있을까? 매년 1억 2,800만 원을 인출할 경우 세금 (1,205만 원)을 내고 남은 금액(1억 1,596만 원)으로 월 966만 원의 생활비를 사용할 수 있다. 무려 90세까지 말이다. 김철수가 같은 금액의 생활비를 찾아 쓰면 76세까지 쓸 수 있으니 약 14년 이상 여유로운 노후생활을 할 수 있다.

홍길동이 연금저축과 IRP 만으로 60세에 14억 원이 넘는 노후 자금을 준비했을 때 얼마 동안 쓰고 버틸 수 있는지를 계산한 것이 [그림

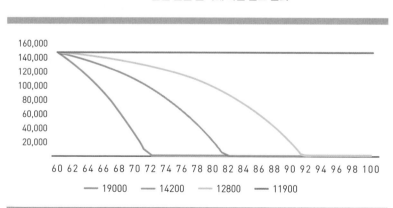

그림 40 ● 연금 인출 금액에 따른 잔고 변화

40]이다. 매년 1억 9,000만 원을 인출하면 70세까지 쓸 수 있고, 1억 4,200만 원을 쓰면 80세까지 사용 가능하다. 연간 1억 2,800만 원을 인출해 쓰면 90세까지 버틸 수 있는데 1억 1,900만 원을 인출하면 잔고가 줄어들지 않는 여유로운 노후를 보낼 수 있다. 1억 1,900만 원은 세금(1,205만 원)을 내고도 매달 891만 원을 쓸 수 있는 액수다.

## 초간단
## 3종목 자산배분

이 부분은 7장의 내용을 참고하면 된다. 추천 종목 모두 IRP에서 매매 가능한 ETF로 선정했기 때문이다.

## 실전!
## 투자 따라하기

대부분의 증권사가 모바일로도 간편하게 IRP 계좌의 ETF를 매매할 수 있도록 제공하고 있다. M증권사의 경우 [그림41]처럼 동일한 화면에서 연금저축과 퇴직연금 IRP 계좌를 선택할 수 있다. 기타 매매 방법 및 리밸런싱 방법은 연금저축 계좌와 동일하니 앞 장을 참고하기 바란다.

## 그림 41 ● 연금저축 및 퇴직연금 IRP 계좌 조회 화면 예시

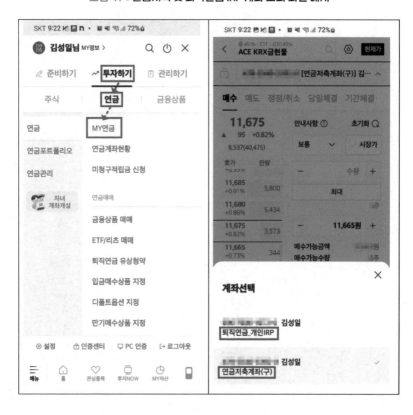

PART

# 3

행복

# 내
# 연금
# 찾아 쓰기

# 09.
# 김 작가의
# 실전 연금 관리 팁
# (ft.연금 정보 모아보기)

앞서 소개한 방법으로 계좌를 운용할 때 내 연금 정보를 보고 싶을 것이다. 내 연금 정보는 어디서 조회할 수 있을까?

금융감독원은 개인이 연금 정보를 일괄 조회할 수 있도록 통합조회 서비스를 제공한다. 신청 방법은 [그림42]와 같이 금융감독원 사이트에 접속하여 [금융소비자보호] 메뉴에 있는 [통합연금포털]에서 [내 연금 조회]를 선택한다. 서비스 신청 및 이용 동의 등을 하고 회원 가입(본인 인증 필요)을 한다. 이후 연금 조회를 신청하면 3영업일 후에 확인 가능 알림 메일을 받을 수 있다. 이후부터는 매월 말 기준으로 연금 정보가 업데이트되어 즉시 조회가 가능하다.

내 연금을 조회하면 다음 [그림43]과 같이 국민연금, 퇴직연금(IRP),

그림 42 ●금융감독원 통합연금포털 홈페이지

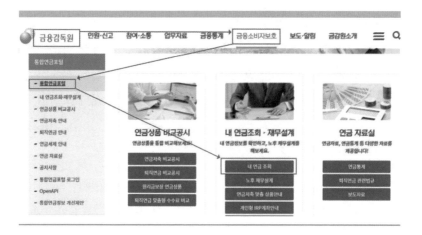

개인연금(연금저축) 등의 연금 정보가 나온다. 내 경우 국민연금에 가입되어 있어 해당 내역이 나온다. 맨 오른쪽의 '계약상세'를 누르면 조금 더 자세한 내역을 볼 수 있다. 다음으로 퇴직연금DB이라는 메뉴가 나오는데 다니고 있는 직장의 퇴직연금이 DB형일 경우 여기에 해당 정보가 나온다.

그 아래 퇴직연금DC, IRP에 대한 내용이 나오는데 내 경우 3가지 계좌가 있다. 가운데 있는 DC는 다니는 직장의 퇴직연금이 DC형이라 해당 정보가 나오는 것이다. DC 위아래로 2개의 IRP가 보이는데, IRP(1)은 전 직장을 퇴직하며 받은 퇴직급여를 넣어서 운용하는 계좌이고, IRP(2)는 세액공제를 위해 내가 직접 납부하며 운용하는 계좌다. IRP 계좌는 금융회사마다 하나씩 개설할 수 있다.

한 계좌에 같이 넣고 할 수 있음에도, 운용이나 관리가 귀찮다는 단점이 있음에도 이렇게 IRP를 나누어서 관리하는 이유는 몇 가지 장점이 있기 때문이다. 먼저 (1)번 IRP는 전 직장에서 납입해준 퇴직급여이기 때문에 연금 인출 시의 과세 기준이 (2)번과 다르다. 실제 연금 인출하는 과정에서 자금 수요에 따라서 두 계좌에서 각기 다른 인출 전략을 사용할 수 있는데, 이때 세금 부분이 헷갈리지 않게 하는 목적이 첫 번째다. 두 번째는 앞서도 말했듯 IRP 중도해지 사유가 발생했을 때 일부 해지가 안 되는 경우 한 계좌만 해지할 수 있는 길을 열어놓기 위해서다.

다음으로 개인연금 정보가 나온다. 나는 연금저축펀드에 가입되어 있어서 해당 내용이 나오는 것이고, 기타 연금저축보험 등에 가입되어 있다면 관련 내용이 나올 것이다. 연금저축의 경우도 계좌를 2개 이상 개설해 운용하는 이들도 있다. 연금저축 계좌를 나누는 사례 중 하나를 들자면 한 계좌는 세액공제 한도만큼만 넣어 운용하고, 다른 하나는 추가 납입분만 넣어 운용하는 것이다. 이렇게 나누면 IRP의 사례와 마찬가지로 인출할 때 과세 제도 등을 감안해 선택적으로 인출할 수 있다. 또 다른 장점은 연금 개시 시점을 달리할 수 있다는 점이다. 하나는 55세부터 인출하고, 다른 하나는 추후의 상황을 보면서 인출 시점을 결정할 수 있다.

나는 연금저축펀드를 한 계좌만 운용한다. 첫 번째 이유는 이미 IRP 계좌가 2개 있고, 가정주부인 아내도 연금저축펀드를 가지고 있기 때문이다. 가정 경제 공동체인 우리 부부의 사적 연금 계좌가 4개이기 때문에 필요한 장점을 취하기에 부족하지는 않다. 더불어 연금저축의 경우 추가납입분 중도인출은 자유롭고 담보대출도 가능하기 때문에 한두 계좌로 괜찮다고 생각한다.

# 그림 43 ● 내 연금 조회 예시

## ○ 국민연금

국민연금은 사회보장제도의 일종으로 보험원리에 따라 운용되는 제도입니다.

| 가입자 구분 | 연금종류 | 연금개시년도 | 예상연금수령액(원/월) | 미래가치 예상연금액 | 비고 |
|---|---|---|---|---|---|
| 적용제외 | 노령연금(개시전) | ▦▦▦ ▦ | 1,▦▦▦,▦▦▦ | 현재가치 (0%)▼ 변경 | 📄 계약상세 |

## ○ 퇴직연금(DB)

퇴직연금 확정급여형(DB)은 회사가 운용상품을 결정하고, 퇴직 시 직전 3개월 평균임금과 근속연수에 따라 근로자에게 퇴직급여 총액을 지급하는 제도를 뜻합니다.

| 가입회사 | 상품유형 | 상품명 | 입사(중간정산)연도 | 퇴직예정년도 | 예시연금액(원) | 비고 |
|---|---|---|---|---|---|---|
| 🔍 보기 | DB | 퇴직연금 확정급여형(DB) | - | - | 퇴직금정보 미입력 | ✏ 퇴직금정보 |
| | | 예시연금 합계금액 | | | | |

• 귀하가 근무 중인 회사가 퇴직연금제도를 도입하고 귀하가 DB형을 선택한 경우에만 금융회사가 조회됩니다. 자세한 내용은 재직 혹은 퇴사한 회사의 퇴직연금 담당자에게 문의하시기 바랍니다.

## ○ 퇴직연금(DC,IRP)

🔍 퇴직연금제도 자세히 보기

| 가입회사 | 상품유형 | 상품명 | 가입일 | 연금개시 예정일 | 적립금(원) | 조회기준일 | 비고 |
|---|---|---|---|---|---|---|---|
| ▦▦▦▦▦ | 개인IRP형 (1) | ▦▦▦_IRP | ▦▦▦/▦ | ▦▦▦▦/▦▦ ▦ | ▦▦,▦▦▦,▦ ▦▦ | ▦▦▦▦▦▦ ▦/▦▦ | 📄 계약상세 |
| ▦▦▦▦▦▦ | DC | ▦▦▦▦▦▦▦▦▦▦ ▦▦▦▦ ▦▦▦ | ▦▦▦/▦ ▦▦▦ | ▦▦▦▦/▦▦/ ▦▦ | ▦▦,▦▦▦,▦ ▦▦ | ▦▦▦▦▦▦ ▦/▦▦ | 📄 계약상세 |
| ▦▦▦▦▦▦▦ | 개인IRP형 (2) | ▦▦▦▦ ▦▦▦▦ ▦▦▦ ▦▦▦ | ▦▦▦▦ ▦▦▦ | ▦▦▦▦/▦▦/ ▦▦ | ▦▦,▦▦▦,▦ ▦▦ | ▦▦▦▦▦▦ ▦/▦▦ | 📄 계약상세 |
| | | 적립금 합계금액 | | | | ▦▦▦,▦▦▦,▦▦▦ | |

## ○ 개인연금

개인연금이란, 개인이 연금신탁 · 연금펀드 · 연금보험에 가입하면 각 상품의 특성에 따라 연금재원이 적립되어, 세법상 요건과 사전 약정 조건을 만족할 때 가입자에게 일시금 또는 연금으로 지급하는 제도를 뜻합니다.

| 가입회사 | 상품유형 | 상품명 | 가입일 | 연금개시 예정일 | 적립금(원) | 조회기준일 | 비고 |
|---|---|---|---|---|---|---|---|
| ▦▦▦▦▦▦▦ | 연금저축펀드 | ▦▦▦▦▦▦▦▦▦▦▦▦▦▦ C-Pe▦ ▦▦ | ▦▦▦▦ ▦/▦▦ | ▦▦▦▦▦▦ ▦▦ | ▦▦▦,▦▦▦, ▦▦▦ | ▦▦▦▦▦ ▦/▦▦ | 📄 계약상세 |
| | | 적립금 합계금액 | | | | ▦▦▦,▦▦▦,▦▦▦ | |

# 10.

# 절세하는

# 연금

# 인출

연금저축이나 IRP 같은 연금 계좌는 돈을 모으고 불리는 것도 중요하지만 노후에 어떻게 꺼내 쓰느냐도 중요하다. 연금 계좌는 적립 기간 동안 세액공제 혜택을 받는 대신 찾아 쓸 때 세금을 내야 하는데, 돈을 인출하는 시기와 방법에 따라 납부하는 세금 종류와 세율이 달라지기 때문이다. 자금 인출은 세금 부담이 적은 것부터 해야 한다.

세제 혜택을 받기 위한 연금 수령에 몇 가지 조건이 있다. 가입자가 만 55세 이후 연금으로 수령해야 한다. 가입일로부터 5년이 경과한 후에 인출해야 한다. 단 이연퇴직소득이 연금 계좌에 있는 경우에는 5년 경과 요건이 적용되지 않는다. 연금 수령 한도 수식에 따라 계산된 금액 이내에서 인출해야 한다. 부득이한 사유에 의한 인출은 인출 금액

## 그림 44 ● 연금 계좌의 소득 원천별 과세 방법

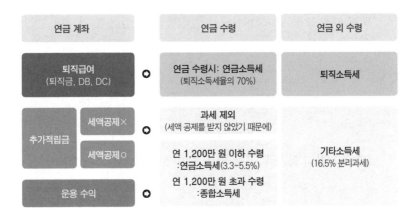

## 그림 45 ● 퇴직연금 계좌의 단계별 과세 방법

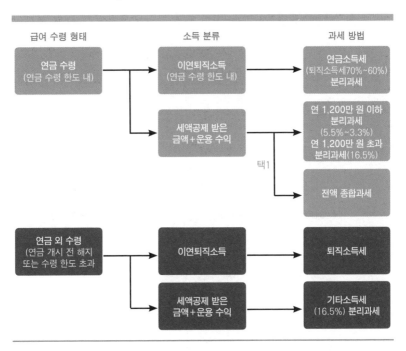

출처 : 금융감독원

에 포함하지 않는다. 수식에서 연금 수령 연차란 요건(납입 후 5년 경과, 만 55세 경과)을 모두 충족하여 연금을 수령할 수 있는 날이 속하는 연도를 1로 보며, 연차가 10 이상인 경우에는 수령액 전체를 연금 수령 한도로 본다.

$$연금\ 수령\ 한도 =$$
$$[연금\ 계좌의\ 평가액 / (11-연금\ 수령\ 연차)] \times (120 / 100)$$

## 연금저축 인출 순서

연금저축 계좌에서 일부 금액을 인출할 때 자금 인출은 다음 순서로 하는 것이 세금 면에서 유리하다.

① 과세 제외 금액
   ♦ 인출하는 당해 연도에 납입한 금액
   ♦ 해당 연금저축 계좌에 매년 세액공제 한도(600만 원)를 초과해 입금한 금액
   ♦ 그 외에 세액공제를 받지 않은 금액
② 이연퇴직소득:연금 계좌에 납입된 퇴직소득(퇴직소득세를 원천징수하지 않은 금액)
③ 세액공제 받은 금액 + 운용 소득

표 54 ● 연금저축에 1,000만 원 납입 시의 세액공제 여부

| | 세액공제 대상 | 세액공제 대상 외 |
|---|---|---|
| 납입금 | ① 600만 원 | ② 400만 원 |
| 운용 수익 | ③ 60만 원 | ④ 40만 원 |

근로자 A가 연금저축 계좌에 1,000만 원을 적립했다고 가정하자. 이 경우 납입액 중 600만 원까지는 세액공제 혜택을 받지만 나머지 400만 원은 세액공제 대상이 아니다. 연금저축 계좌의 운용 수익은 10%라고 가정하면 [표54]와 같은 결과가 나온다.

① 세액공제 받은 금액 (600만 원)

② 세액공제를 받지 못한 금액 (400만 원)

③ ①을 운용해 얻은 수익 (60만 원)

④ ②를 운용해 얻은 수익 (40만 원)

적립 기간 중 세액공제를 받은 금액(①)은 자금 인출 시에 세금을 납부해야 한다. 그리고 투자 원금을 운용해 얻은 수익(③과 ④)도 운용 기간 중 과세이연 혜택을 받았으니 인출할 경우 과세 대상에 포함된다. 하지만 적립 기간 동안 세액공제를 받지 못한 금액(②)은 어떤 방법으로 인출하든 세금을 납부할 필요가 없다. 나머지 과세 대상 소득(①,③, ④)의 경우 연금으로 인출하느냐, 연금 이외의 다른 방법으로 수령하느냐에 따라 적용하는 세금과 세율이 달라진다.

적립금을 연금으로 수령할 때는 저율의 연금소득세가 과세되는데 나이와 연금 수령 방법에 따라 세율이 달라진다. 연금은 55세부터 수

령할 수 있는데 이때부터 69세까지는 세율이 5.5%이고, 70세부터 79세까지는 4.4%, 80세 이상이면 3.3%이다.

소득 원천이나 연금 수령 방법에 따라서도 적용되는 세율이 달라진다. 이연퇴직소득을 연금으로 수령할 때 세율은 3.3%이다.

그리고 연금 수령 방법을 종신형으로 선택하면 4.4% 세율을 적용한다. 종신형이란 연금 가입자가 살아 있을 때까지 계속 연금을 수령하는 방식이다. 만약 앞서 설명한 내용이 중복되는 경우에는 가장 낮은 세율이 적용된다.

먼저 적립금을 일부 인출하거나 해지한 다음 일시에 수령하는 경우다. 이때 인출 대상이 이연퇴직소득이면 그동안 납부하지 않고 미뤄뒀던 퇴직소득세가 과세되고, '과세 대상 소득'에서 자금을 인출할 때는 기타소득세(16.5%)가 부과된다. 다만 천재지변이나 가입자 사망등 법에서 인정하는 부득이한 사유에 해당하는 경우에는 이보다 낮은 3.3~5.5%의 연금소득세가 과세된다.


## IRP
## 인출 순서


IRP도 연금저축과 동일하다. 다만 세액공제 금액의 차이가 있을 뿐이다. 이번 사례의 B씨는 IRP 계좌에 5년간 매년 1,200만 원을 납입하고 700만 원씩 세액공제를 받았다. 또 퇴직 후 받은 퇴직금 1억 원도 IRP에 입금했다. 퇴직소득세는 500만 원으로 가정한다. B씨는 IRP

적립금을 계속 운용하다 55세가 되어 연금으로 수령하고자 한다. IRP 계좌에 납입한 금액은 총 1억 6천만 원이고 그동안 2천만 원의 수익이 발생했다. 따라서 55세 때의 IRP 계좌 평가액은 1억 8천만 원이 되었고, 연금은 20년간 수령하기로 했다. 이 경우 B씨의 IRP 소득 원천 구분은 다음과 같다.

① 과세 제외 금액 : (1,200만 원-700만 원) × 5년 = 2,500만 원(세액공제 받은 금액을 제외한 것임 : 700만 원 × 5년 = 3,500만 원)

② 이연퇴직소득 : 1억 원

③ 그 외 소득: 1억 8,000만 원-2,500만 원-1억 원 = 5,500만 원
(세액공제 받은 금액 3,500만 원+이익금 2,000만 원)

B씨가 IRP에서 연간 1,200만 원(매월 100만 원)의 연금을 받는다고 하면 과세 제외 금액(①)인 2,500만 원에 대해서는 25개월간(2,500만 원/100만 원) 세금을 부담하지 않는다. 다음으로 퇴직금 1억 원(②)은 100개월(1억 원/100만 원) 동안 퇴직소득세율(5% 가정)의 70%인 3.5%의 연금소득세만 부담하면 된다. 즉 100만 원에서 연금소득세 35,000원을 떼고 965,000원을 수령하는 셈이다. 마지막으로 그 외 소득 부분(③)은 남은 기간 115개월(240개월-125개월) 동안은 연령에 따라 3.3~5.5%의 연금소득세를 부담한다.

결국 B씨의 세금을 IRP 입금부터 연금 수령까지 정리하면 다음과 같다.

IRP에 700만 원 이상을 입금함에 따라 5년간 총 462만 원(700만 원 × 13.2% × 5년)을 환급받았다. 연금을 받는 동안 연금소득세는 20년

간 916만 원을 납부하게 된다. 여기에 B씨는 퇴직소득세 500만 원을 IRP에 입금함에 따라 과세가 이연됐기 때문에 실질적으로 연금 세제 상 더 유리했다고 볼 수 있다.

## ▌연금저축 중도해지하면 손해

연금저축에 가입하고 있으나 중도해지를 하면 세금 부담이 있다. 납입한 원금에도 손실이 발생할 수 있다. 따라서 중도해지 시에는 세제를 정확하게 이해해야 한다. 중도해지 시에 세제 혜택을 받은 금액과 운용 수익에 기타소득세(16.5%)가 부과된다. 다만 가입자의 사망, 해외 이주 등 불가피하게 해지하는 경우 연금소득세(5.5%~3.3%)가 적용된다.

예를 들어보자. 연인 사이인 A와 B는 7년 전 연금저축에 가입했고 매년 500만 원을 납입해 투자했다. A는 총 급여 5,500만 원 이하로 16.5%를, B는 5,500만 원이 넘어 13.2%를 세액공제로 받았다. 이들은 매년 세액공제 받은 금액을 다음해 연금저축에 500만 원을 납입할 때 추가로 넣어 재투자 효과를 노렸다. 둘 모두 K-올웨더 방식으로 투자해 연평균 8%의 수익을 냈다. 이들은 결혼을 하면서 거주용 주택을 마련하기 위해 연금저축을 해지했다. 이 경우 세액공제 받은 원금과 수익금에 기타소득세율(16.5%)의 세금이 부과된다. A는 잔고가 5,571만 원으로 기타소득세 919만 원을 제외한 4,651만 원을 인출할 수 있었다. 반면 B는 잔고가 5,403만 원으로 기타소득세 891만 원을 뺀 4,511

만 원을 받게 됐다. A와 B가 받은 140만 원의 금액 차이는 두 사람의 급여(5,500만 원 기준) 차이로 인해 세액공제율(16.5%와 13.2%)이 달랐기 때문이다. 그들이 연금저축이 아닌 일반 주식 계좌에서 투자로 8% 수익을 얻었다면 7년 후 잔고는 4,587만 원이 되었을 것이다.(매년 수익에서 15.4%의 배당소득세를 과세했다고 가정함) A의 경우는 일반 계좌보다 연금저축 계좌가 나은 결과를 보였지만 B는 그 반대였다. 만약 7년보다 더 짧은 기간에 중도해지하면 A 역시 일반 계좌에서 세금을 낸 것보다 좋지 않은 결과가 나왔을 것이다.

IRP도 연금저축의 경우와 마찬가지로 계산될 수 있다.

사례가 복잡하게 느껴질 수 있다. 핵심은 연금 계좌에서 굴린 돈은 연금으로 받으라는 것이다. 연금저축, IRP 모두 연금으로 수령할 때 가장 혜택이 좋게 설계되어 있기 때문이다. 55세가 되기 전에 중도해지하지 않는다는 생각으로 계좌를 운용하고, 55세 혹은 그 이후에 연금을 수령할 때는 세제 혜택이 변경될 수 있으니 그때 가서 다시 계산하거나 금융회사 등에 문의하면 된다.

만약 A나 B의 사례처럼 주택 마련의 자금을 모으기 위한 목적이라면 연금저축보다는 ISA 계좌를 활용하는 것이 유리하다. 연간 2,000만 원까지 납입이 가능하고, 비과세에 저율과세 혜택이 있으며 만기가 3년으로 짧기 때문이다. ISA 계좌를 중도해지하면 비과세나 저율과세 혜택만 없을 뿐 연금저축처럼 높은 요율의 기타소득세가 부과되지는 않는다. 일반 계좌와 같은 세율로 과세한다는 말이다. 10년 이내 단기 목적 자금의 경우는 연금 계좌보다 ISA가 훨씬 적합하니 자금의 목적에 맞춰 활용하자.

# 11.
# 금융소득
# 종합과세
# 피하기

대부분 개인연금에 대한 과세는 금융기관에서 원천징수하는 것으로 끝나기 때문에 일반 가입자가 별로 신경 쓸 일이 없다. 하지만 연금저축과 IRP에서 매년 수령하는 연금이 1,200만 원을 넘으면 이를 다른 소득과 합산하여 종합소득세 (혹은 분리과세)를 납부해야 한다. 이때 주의해야 할 것은 1,200만 원을 초과하는 금액만 종합소득세 (혹은 분리과세) 대상이 아니라는 점이다. 일단 개인연금소득이 1,200만 원을 초과하면 해당 소득 전부를 종합소득에 합산해야 한다. 이 경우 이미 사업소득이나 공적연금을 많이 수령해 높은 소득세율을 적용받는 입장이라면 추가로 납부해야 할 세금이 많아질 수 있다. 다만 2023년부터 종합소득세와 분리과세 중 선택할 수 있게 법이 개정되어 예전보다 부

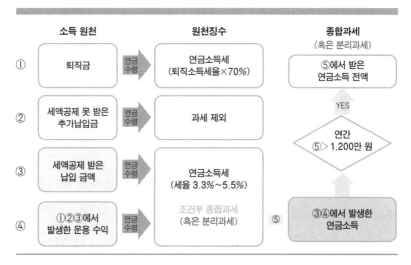

그림 46 ● 연금저축과 IRP계좌에서 연금을 수령할 때의 과세 절차

참고 : 금융감독원, 미래에셋은퇴연구소

담이 많이 줄었다. 7장의 '연금 인출 시나리오와 세금' 부분에서 설명했듯이 세금이 걱정되어 연금에 납입하길 꺼려할 이유는 전혀 없다. 세금을 뺀 후의 세후 소득을 기준으로 해도 일반 계좌보다 연금 계좌에서 돈을 굴리는 게 훨씬 유리하기 때문이다.

먼저 퇴직연금과 연금저축의 수령 기간이 겹치지 않도록 조정하는 방법을 생각해볼 수 있다. 예를 들어 퇴직연금을 먼저 수령한 다음 연금저축을 나중에 수령하는 식이다. 아니면 매년 수령하는 연금이 1,200만 원 미만이 될 때까지 연금 수령 기간을 연장하는 것도 좋은 방법이다. 본인이 가입한 연금 종류와 예상 연금액은 금융감독원이 운용하는 통합연금포털을 이용해 간편하게 확인이 가능하니 이용하자.

# 연금 수령은
## 10년 이상 분할 수령

　연금저축 또는 퇴직연금(퇴직급여, 본인 추가 납입액)에서 연금을 수령할 때는 10년 이상 연금 수령 한도 이내의 금액으로 받아야 감면된 퇴직소득세 또는 저율의 연금소득세가 부과된다. 따라서 연금을 10년 이상 분할 수령하는 것이 바람직하다.

　또한 연금 수령 기간을 10년 미만으로 단축시킬 경우 연간 연금 수령액이 세법상 수령 한도를 초과할 가능성이 높고, 한도를 초과한 금액에는 퇴직소득세 100% 또는 기타소득세가 부과되어 연금의 세제혜택을 충분히 누리지 못할 수 있다.(2013년 3월 이후 개설된 연금저축과 퇴직연금은 10년 동안 세법상 한도 이내에서 분할 수령해야 연금소득세 적용. 다만 2013년 3월 이전 계약은 5년 동안 분할 수령 가능)

2017년 〈마법의 돈 굴리기〉와 2019년 〈마법의 연금 굴리기〉 출간 이후 많은 독자와 이메일과 SNS를 통해 소통했다. 많은 분이 소액으로나마 ETF를 이용해 자산배분 투자를 시작했고, 마음 편한 투자법이라며 감사의 메시지를 전해주기도 했다. 책을 읽은 시점에 따라 독자마다 투자를 시작한 시기가 다르다. 어떤 분은 안정적으로 수익이 나서 좋고 마음 편하게 투자할 수 있어서 고맙다고 얘기했다. 또 어떤 분은 자산배분 투자를 했는데도 마이너스가 나서 마음이 불편하다, 어떻게 해야 하냐는 질문을 했다. 특히 2022년에는 주식과 국채가 동반 하락하며 자산배분 투자의 손실이 컸다.

[그림47]처럼 투자한 시점부터 손실이 발생하면 어떻게 해야 할까? 돈을 넣고 잠시 올라가는 듯하더니 1년 내내 하락하거나 올랐다 내렸다 반복만 하고 원금 회복도 못하면 말이다. 이런 투자법을 지속할 수 있을까?

[그림47]의 6개의 그래프는 K-올웨더 성장형 포트폴리오의 일부다. 파란색 막대가 표시된 주요 하락 기간의 모습을 확대한 것이다. K-올웨더 성장형은 23년간의 백테스트 기간 동안 연 8.9%의 수익률을 보였다. 미국 주식(6.5%)과 한국 주식(5.8%)보다 높은 수익이다. 위험

지표인 변동성은 한국 주식(21.9%)이나 미국 주식(15.5%)의 절반도 안 되는 7.5%다. 최대낙폭 역시 한국 -55%, 미국 -51%의 3분의 1도 안 되는 -12%였다. 아주 안정적이고 준수한 수익을 주는 포트폴리오였지만 모든 기간에 플러스의 수익이 나지는 않는다. [그림48]처럼 마이

그림 47 ●자산배분 투자가 마이너스인 구간들

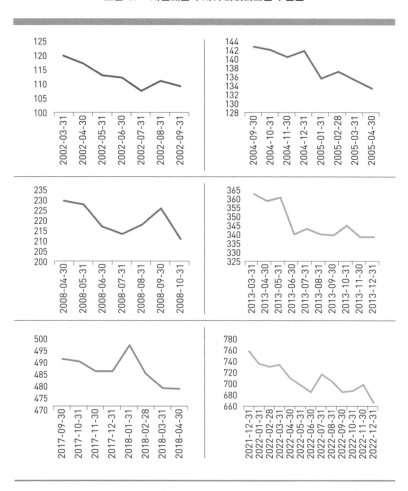

너스가 나기도 하고 변동성이 커지기도 하는 것이다. 어떤 종류의 투자법도 모든 기간에 수익이 나지는 않는다. 상승장, 하락장, 횡보장 등 시장의 모습은 다양하고 그런 시장에 잘 맞는 투자법이 있다. 하필 내가 투자를 시작한 시점이 포트폴리오에게 단기 고점일 수 있는 것이다.

행동경제학에서 얘기하는 기준점 효과가 바로 이것이다. 아무리 좋은 투자법이라도 내 '기준점'이 어디냐에 따라 다른 심리 효과를 미친다. 만약 저런 6개의 구간에서 이 포트폴리오가 안 맞는다며 투자를 중단했다면 장기 수익을 취하지 못한다. 늘 장기적인 관점으로 투자를 봐야 하는 이유가 여기에 있다. 단기 상승과 하락에 일희일비하는 것은 내 투자 수익에도 내 삶에도 아무런 도움이 안 된다. 심리를 다스리지 못하면 투자에 실패한다. 아니 심리라는 건 다스리기 힘들다는 걸

그림 48 ● **자산배분 포트폴리오의 손실 구간** [K-올웨더 성장형]

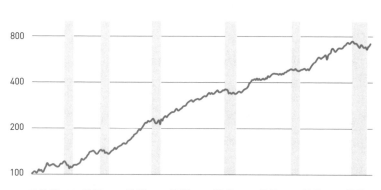

인정하고 최대한 적응해 나가야 한다.

　좋은 절세 상품도 알았고 어떻게 돈을 굴리는지도 배웠다. 이제 시작해야 한다. 그런데 과연 얼마나 돈을 넣어야 할까?

　모든 월급쟁이는 빠듯하다. 한 달에 1,000만 원을 버는 사람도 빠듯하다고 하고, 200만 원을 버는 사람도 겨우 먹고산다고 한다. 카드 대금과 공과금, 휴대폰 사용료를 내고 나면 남는 게 없다. 도대체 어떻게 하란 말인가?

　여유가 있다면 혜택을 받을 수 있는 최대 금액을 넣으면 좋다. 연금저축에 600만 원, IRP에 300만 원, 더 남으면 다시 연금저축에 900만 원. 그러고도 남으면 ISA에도 넣으면 된다. 연금 계좌에만 일 년에 1,800만 원을 넣을 수 있다. 월 150만 원이다. 이걸 지금 당장 넣을 수 있는 사람은 별로 없을 것이다. 너무 무리하지 말자. 갑자기 너무 무리한들 한두 달도 지키지 못할 것이기 때문이다. 그러고는 마치 없던 일처럼 연금에 돈을 넣는 걸 잊어버리게 될 것이다. 오히려 작게 시작하는 건 어떨까?

　매달 수입의 5%라면 어떨까? 월급이 200만 원이라면 10만 원만 눈 딱 감고 연금 계좌에 넣는 것이다. 5만 원씩 나눠서 연금저축과 IRP에 넣자. 계좌를 나눠넣는 이유는 혹시 모를 상황에 대처하기 위해서다. 만약에 급한 일이 생기면 계좌 하나만 해지하면 되니까 말이다. 증권사마다 자동이체 서비스를 하고 있으니 한 달에 딱 10만 원만 가지고 시작해보자. 이 정도면 할 수 있지 않을까.

　이렇게 시작하고 리밸런싱하는 시점에 잔고를 한 번씩 살펴보자. 대부분의 증권사가 수익률까지 잘 계산해서 보여준다. 내 돈이 불어나는 게 보이면 투자하는 재미가 느껴진다. 그때 납입금을 1%씩이라도 늘려보는 것이다. 월급의 절반을 저축하라는 얘기가 아니다. 딱 10%로 시작해보자는 말이다. 책의 본문에서 누누이 이야기했듯 바로 시작해야 한다. 장기 투자만큼 유리한 게 없다. 수억 원의 노후 자금이 생길 거라고 생각하면 은퇴가 그리 걱정되지만은 않다. 돈을 쓰는 재미도 있지만 돈을 모으고 불리는 재미도 느껴 보길 바란다. 지금 굴리는 이 돈은 은퇴 후에 내가 쓸 돈이라는 것도 잊지 말자.

고용노동부 http://www.moel.go.kr/ 홈페이지 → 정책자료 → 분야별 정책자료 → 근로조건개선 → 퇴직급여

국내 ETF 정보 https://finance.naver.com/sise/etf.nhn

금융감독원 https://www.fss.or.kr/ 홈페이지 → 금융소비자보호 → 통합연금포털

금융투자협회 ISA다모아 http://isa.kofia.or.kr

미래에셋투자와연금센터 https://investpension.miraeasset.com/

미국 상장 ETF 자료 https://finance.yahoo.com

한국은행 경제통계시스템 http://ecos.bok.or.kr

MSCI 지수 https://www.msci.com

NH투자증권 100세시대연구소 https://www.nhqv.com

금융감독원, 〈퇴직연금 가이드북: 행복한 동행, 퇴직연금〉, 2018.9.

김동엽 외 2명, 〈고령화시대 평생 절세 통장 연금저축계좌〉, 미래에셋은퇴연구소, 2013.12.04.

김성일, 〈ETF 처음공부〉, 이레미디어, 2022.6.

김진나, 〈IRP(개인형 퇴직연금제도) 사용설명서〉, 라온북스, 2015.04.27.

하노 벡, 〈부자들의 생각법〉, 갤리온, 2013.10.